나를
살리는
말씀

정 영·진·박·사·영·성·에·세·이

나를 살리는 말씀

정영진 지음

리더북스

"내가 난 날이 멸망하였더라면

그 날이 캄캄하였더라면

그 밤에 새벽 별들이 어두웠더라면

어찌하여 내 어머니가 해산할 때에 내가 숨지지 아니하였던가

어찌하여 내가 젖을 빨았던가"(욥기 3장 중에서)

살아가는 인생의 날이 너무 슬픈 사람들과 함께

이 책을 읽고 싶습니다.

"사람이 무엇이기에 주께서 저를 생각하시며

인자가 무엇이기에 주께서 저를 돌보시나이까"(시편 8편 4절)

살아가는 인생의 날들이 모두 하나님의 은혜임을 감격하여

눈시울 붉히는 사람들과 함께

이 책을 읽고 싶습니다.

험난한 나그네 인생 세월을 함께 해온
아내 경숙에게 애처로운 마음이 듭니다.

얼마 전에 손자 우빈이가 태어나 예쁘게 자라고 있습니다.
'나에게도 이런 축복이 오는구나' 하며 감사하고 있습니다.
먼 훗날 우빈이가 어른이 되었을 때
이 책을 읽었으면 좋겠습니다.
그리고 이렇게 고백하며 세상을 살았으면 합니다.
"아브라함의 하나님! 이삭의 하나님! 야곱의 하나님!
바로 우리 할아버지의 하나님이었도다.
그리고 지금 여기 나의 하나님이로다."

이 책은 성령께서 주도하셨습니다. 그래서 태어났습니다.
이에 순종한 출판사 대표의 용기와 수고를
저는 기억하고 있습니다.

모든 것이 고맙고 감사합니다.
이 책을 읽는 사람들에게 바라는 소원입니다.
"내가 주께 대하여 귀로 듣기만 하였사오나
이제는 눈으로 주를 뵈옵나이다"(욥기 42장 5절)

정 영 진

지근거리에서 오랫동안 지켜봤던 정영진 목사님은 자질과 덕성을 고루 갖춘 좋은 목회자이고 좋은 설교자입니다. 특히 목사님의 리더십에 관한 저서들은 지금까지도 제게 울림을 가져다주는 명작이 아닐 수 없습니다. 또한 목사님의 설교를 접해보면 그 안에 담긴 말씀의 깊이와 강렬한 복음의 진수를 그대로 엿볼 수가 있습니다.

말씀을 선포하는 일과 책을 써 내려가는 일이 동일한 작업이라고 생각할 수 있습니다. 하지만 실제로 책으로 엮는 일에는 고단함과 어려움 그리고 인고의 시간이 동반됨을 책을 펴낸 사람은 공감할 것입니다. 마찬가지로 설교를 잘하는 것과 그 설교의 내용을 책으로 서술하는 것은 비슷하면서도 다를 수 있습니다. 탁월한 설교가가 반드시 뛰어난 저술가는 아닐 수 있습니다. 두 가지를 겸비하는 것은 결코 쉬운 일이 아닙니다.

그런데 정영진 목사님은 설교하는 일 그리고 저술하는 일 모두를 겸비한 다재다능한 목회자입니다. 그래서 그런지 그의 설교를 통해서 느꼈던 강렬한 영적 해갈의 기쁨을 저서를 통해서 그대로 전달받게 됩니다. 또한 저서를 통해서 설교에서는 드러나지 않았던 영혼에 울림을 가져다주는 그의 필력을 고스란히 느낄 수가 있습니다.

   그런 의미에서 이번에 출간하는 저서에 큰 기대를 갖게 되며 앞으로 계속하여 나올 그의 저서를 기대해 봅니다. 다시 한 번 그의 노고를 치하하며 이 귀한 책을 기쁜 마음으로 여러분께 추천하는 바입니다.

청운교회 담임목사 강대석

차
례

저자의 말   4
추천의 글   6

1장 에노쉬! 저 벤 아담은 도대체 무엇입니까?   11

2장 이 풍랑 인연하여서   23

3장 다시 일으켜 주시는 예수님   37

4장 주라 그리하면 넘치도록 주리라   49

5장 그 해에 백배의 복을 받은 사람   61

6장 내리막길에서 만난 예수님   73

7장 내 눈물을 노래로 바꾸련다   85

8장 버리고 비우고 내려온 길   97

9장 의인 한 사람만 있어도   113

10장 이 길이 닫히면 저 길이 열리고   125

11장 비록 살 소망이 끊어진다 해도   137

12장 걱정한다고 되는 일이 있습니까?   149

13장 사슴이 시냇물을 찾듯이   161

14장 결코 망하지 않는 사람   173

15장 슬퍼할 것 없습니다   187

16장 바다와 인생   201

17장 나그네 인생   215

18장 승리자의 외로운 탄식   225

19장 그래도 살아야 하는 이유   239

20장 고생하며 웃는 사람들   251

21장 감사하는 사람의 행복   265

에노쉬! 저 벤 아담은 도대체 무엇입니까?

1장

먼저 말씀을 읽고 묵상하십시오.

시편 8편 1-9절

1. 여호와 우리 주여 주의 이름이 온 땅에 어찌 그리 아름다운지요 주의 영광이 하늘을 덮었나이다
2. 주의 대적으로 말미암아 어린 아이들과 젖먹이들의 입으로 권능을 세우심이여 이는 원수들과 보복자들을 잠잠하게 하려 하심이니이다
3. 주의 손가락으로 만드신 주의 하늘과 주께서 베풀어 두신 달과 별들을 내가 보오니
4. 사람이 무엇이기에 주께서 그를 생각하시며 인자가 무엇이기에 주께서 그를 돌보시나이까
5. 그를 하나님보다 조금 못하게 하시고 영화와 존귀로 관을 씌우셨나이다
6. 주의 손으로 만드신 것을 다스리게 하시고 만물을 그의 발 아래 두셨으니
7. 곧 모든 소와 양과 들짐승이며
8. 공중의 새와 바다의 물고기와 바닷길에 다니는 것이니이다
9. 여호와 우리 주여 주의 이름이 온 땅에 어찌 그리 아름다운지요

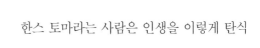

한스 토마라는 사람은 인생을 이렇게 탄식
했습니다.

나 여기 왔으나 어디로부터 왔는지 모르노라.
나 여기 왔으나 무엇 때문인지를 모르노라.
나 여기 살고 있으나 그 수명을 모르노라.
나 가노라 하지만 어디로 가는지 모르노라.

그러기에 어떤 이는 사람의 일생을 풍자하여 네 가지가 없는 것이
인간이라고 했습니다. 소년 시절에는 철이 없고, 청년 시절에는 시간
이 없고, 장년 시절에는 정신이 없고, 노년 시절에는 형편이 없다고
했습니다.

이렇게 세상을 살다가 떠나버린 사람은 봄이 되어도 다시 돌아올 줄을 모릅니다. 말라빠진 나뭇가지에는 물이 오르고 죽었던 땅바닥에도 다시 샘이 솟는데 죽은 사람에게만은 희망이란 것이 없습니다.

시편 8편 말씀을 받아 기록한 시인은 노래합니다.
"여호와 우리 주여 주의 이름이 온 땅에 어찌 그리 아름다운지요"
(시 8:1)

하늘의 달과 별의 아름다움을 노래합니다. 공중의 새와 바다의 물고기와 바닷길에 다니는 것을 감격합니다.

하늘을 보아도 거기에는 하나님의 능력이 넘쳐나고 있습니다. 땅위를 보아도 거기에는 하나님의 영광이 충만합니다. 바닷속을 들여다보아도 거기에는 하나님의 생명이 약동하고 있습니다. 온 땅 어느 구석에도 주님의 손길이 닿지 않은 곳이 없고 주님의 능력이 미치지 않는 곳이 없습니다.

"하늘에도 땅에도 바닷속에도 그 어느 곳에도 주님의 손으로 빚으신 만물들은 주께서 정해주신 그 자리에서 여전히 주님의 거룩한 영광을 드러내고 있습니다. 그런데 사람은 도대체 무엇입니까?"

시인은 이렇게 질문하고 있습니다. 이것은 인생과 세상을 고뇌하며 가슴앓이하는 사람들의 쉬지 않는 질문입니다.

불치의 병으로 죽어가는 존재 에노쉬!

도대체 사람이란 무엇입니까?

여기에서 '사람'이란 말의 어원은 '에노쉬'입니다. '에노쉬'라는 말은 '불치의 병으로 죽어가는 존재'라는 의미를 가지고 있습니다. 도저히 고칠 수 없는 병마에 시달리다가 사멸해 가고 있는 불쌍한 인간이 에노쉬입니다.

에노쉬! 저 에노쉬란 풀잎처럼 말라가는 존재이고, 소멸되어 가는 허망한 운명을 피하지 못한 채 시들어가는 보잘것없는 존재를 말하고 있습니다.

에노쉬! 저 에노쉬란 창조자인 하나님의 기억과 보살핌이 없이는 더 이상 버텨낼 수 없는 허무한 인간 존재를 설명하는 말입니다. 그러기에 주님은 이사야 선지자를 통해서 말씀하셨습니다.

"내가 무엇이라 외치리이까 하니 이르되 모든 육체는 풀이요 그의 모든 아름다움은 들의 꽃과 같으니 풀은 마르고 꽃이 시듦은 여호와의 기운이 그 위에 붊이라 이 백성은 실로 풀이로다 풀은 마르고 꽃은 시드나 우리 하나님의 말씀은 영원히 서리라 하라"(사 40:6-8)라고 했습니다.

"내일 일을 너희가 알지 못하는도다 너희 생명이 무엇이냐 너희는 잠깐 보이다가 없어지는 안개니라"(약 4:14)라고 주님의 말씀을 받아 기록한 사람은 야고보였습니다.

그렇습니다. 사람의 길은 모두 바람에 날려가는 광야길입니다.

오직 하나님의 은혜로만 구원받은 벤 아담!

시편 8편 말씀을 받아 기록한 시인은 또다시 질문합니다.

"인자가 무엇이기에 주께서 그를 돌보시나이까?"

여기에서 '인자'란 말의 어원은 '벤 아담'입니다. '벤 아담'이란 말은 낮고 비천한 존재를 뜻합니다. 저 '벤 아담'이란 먼지 같은 인생이요, 거룩함을 요구할 수 없는 불가능한 존재를 말합니다.

벤 아담! 벤 아담이란 말은 너는 흙에서 나왔으니 흙으로 돌아가라는 하나님의 명령 앞에 땅의 무덤을 파 들어가는 죄악의 인간이요 숨져가는 죽음의 인생을 말하고 있습니다.

벤 아담! 저 벤 아담이란 하나님의 은혜가 아니고서는 도저히 희망할 수 없는 절망의 존재를 말합니다. 하나님께서 허락하시는 생명의 은총이 아니고서는 도저히 다시는 살아날 수 없는 가련한 죽음의 존재를 일컫는 말입니다.

시인을 통해서 하나님은 인간을 선언하고 계십니다.

철학이나 문학에서 말하는 희망과 절망을 오고가며 고뇌하는 인간을 말씀하시는 것이 아닙니다.

파스칼이 《팡세》의 서두에서 "인간은 자연 가운데서 가장 약한 하나의 갈대에 불과하다. 그러나 그것은 생각하는 갈대이다"라고 했는데, 생각하는 존재이기에 우주보다 더 위대하니 사람에게 희망을 걸라는 것이 아닙니다.

셰익스피어가 그려놓은 인간! 그것은 무대 위에서 광대놀음을 하다가 자기를 잃어버리고 소외되어 죽어가는 배우, 그런 인간의 비극적 절망을 슬퍼하고 있는 이야기도 아닙니다.

시인의 입을 통해서 인간을 선언하고 계신 하나님은 소망 없이 사멸해 가는 저 연약한 에노쉬를 기억해 주셨습니다.

하나님의 기억 속에 담겨진 에노쉬! "사람이 무엇이기에 주께서 그를 생각하시는" 것입니까? 에노쉬가 도대체 무엇이기에 주께서 기억하여 주시는 것입니까?

회복될 수 없는 무서운 병마를 몸속에서 몰아내지 못한 채 고통하며 꺼져가는 심지인생이 에노쉬였습니다. 휘몰아치는 모진 바람에 흙으로 쌓아올린 장막집이 무너지는 것이 에노쉬였습니다.

꺾여져 가는 갈대인생이요, 날리는 낙엽인생입니다. 그런데 여기 이 말씀에 주목하십시오. "사람이 무엇이기에 주께서 그를 생각하시며"(시 8:4). 병약한 저 에노쉬 인생을 하나님께서 생각하셨다는 말씀입니다. 저 불가능한 에노쉬를 주께서 기억 속에 담아 놓으셨다는 말씀입니다.

그러기에 하나님은 친히 사람이 되어 이 땅에 오셨습니다. 온전치 못한 자식을 생각하느라 눈을 감지 못하고 죽어가는 늙은 어미의 한 맺힌 가슴처럼 주님의 가슴에 담아놓은 에노쉬! 그대로 버려두면 풀잎처럼 말라버릴 저 연약한 에노쉬를 찾아 이 땅에 오셨습니다.

요한복음 5장에는 이런 말씀이 있습니다.

때는 마침 유월절이었습니다. 그래서 사람들은 예루살렘의 풍요와 노래를 따라 올라가고 있었습니다. 그러나 예수님께서는 양문 곁 베데스다 못가에서 소망을 접어놓고 앉아 있는 병자, 맹인, 다리 저는 사람, 혈기 마른 사람들을 찾아 내려가셨습니다.

거기에는 고쳐지지 않는 병마에 삶을 빼앗긴 채 38년 동안이나 일어나 보지도 못하고 누워서 물 한 모금에 생명을 이어가는 가련한 에노쉬! 죽어가는 사람이 있었습니다.

예수님은 그 자리로 내려가셨습니다. 불쌍한 사람들 중의 불쌍한 사람에게로 가셨습니다. 그리고 그를 일으켜 주셨습니다. 그를 걷게 해 주셨고 뛰게 해 주셨습니다. 잃어버린 희망을 다시 찾아주셨고 삶의 감격을 회복시켜 주셨습니다.

세상은 그의 슬픔과 절망을 기억하지 않았습니다. 그의 아픔도 신음도 고통도 아는 자가 없었습니다. 그러나 주님께서는 불쌍한 그의 인생을 마음에 담고 계셨습니다. 주님은 저 에노쉬! 나약해서 넘어지며 아파서 괴로워하며 슬퍼서 고뇌하는 여러분과 저를 주님의 가슴

한가운데 담아놓고 계십니다.

주님은 지극한 사랑으로 보살펴 주십니다

뿐만 아니라 주님께서는 흙이니 흙으로 돌아갈 수밖에 없는 저 가련한 벤 아담을 하나님의 은혜로 구원해 주셨습니다.

"인자가 무엇이기에 주께서 그를 돌보시나이까"(시 8:4)

여기서 '돌본다'는 것은 '보살펴 주신다'는 말입니다. 흙먼지로 뭉쳐진 저 벤 아담이 도대체 무엇이기에 그토록 지극한 사랑으로 끊임없이 보살펴 주신다는 말입니까?

더 살고 싶어도 허락되지 않는 죽음으로 그 몸은 무덤에 간혀 썩어가고 있었습니다. 이 사람은 요한복음 11장에 나오는 나사로였습니다. 주님께서는 죽어 썩어가는 무덤으로 찾아가셨습니다. 사람은 그리워서 울려고 무덤을 찾아가지만 예수님께서는 죽은 사람을 다시 살려내시려고 가셨습니다.

그리고 형체 없이 흙으로 무너져 가는 나사로의 영혼을 돌아오게 하셨습니다. 죽은 지 나흘이 되어 썩는 냄새가 나는 나사로를 부르시고 다시 생명을 돌려 주셨습니다. 나사로는 죽음의 길목에서 다시 돌아오게 되었습니다.

한 줌의 흙먼지로 되돌아가는 저 벤 아담을 주님께서 보살펴 주셨습니다.

사람은 너 나 할 것 없이 모두 온전할 수 없는 연약한 자요, 곤고하고 가련한 사람이요, 슬픈 삶입니다. 큰사람도 없고 작은 사람도 없습니다. 다 죄인이요, 각기 제 길로 길을 찾아 떠나는 어린양입니다.

인간은 모두 살다가 떠나가는 나그네요 행인입니다. 강한 자도 없고 의로운 자도 없습니다. 다 같이 세월 따라 늙어가는 자요, 죽어가는 사람이요, 소멸되어 가는 에노쉬요, 무덤으로 돌아가는 벤 아담입니다.

흙집에 살며 티끌로 터를 삼고 하루살이 앞에서라도 무너질 불쌍한 인간이라고 욥이라는 어른은 인생을 고백했습니다(욥 4:19).

해가 뜨면 없어지는 아침 구름 같은 인생이요, 쉬 사라지는 이슬인생이요, 타작마당에서 바람에 날려가는 쭉정이 같은 인생이요, 굴뚝 끝에서 바람결에 사라져 가는 연기와 같은 인생이라고 하나님은 호세아의 입을 통해서 말씀하십니다(호 13:3).

사람의 한평생이 한번 숨 쉬는 것 같고, 날아가는 화살 같으며, 인생의 길이가 한밤중의 잠깐 반짝이다 순식간에 사라지는 경점 같다고 발밑의 무덤을 바라보며 한숨 섞인 인생을 돌아본 사람은 모세였습니다(시 90:1-10).

그러나 주님의 은혜를 알고 있는 우리는 기뻐하며 노래할 수 있습니다.

"여호와 우리 주여 주의 이름이 온 땅에 어찌 그리 아름다운지요" (시 8:9)

하늘의 달과 별을 노래하는 것이 아닙니다. 주님의 은혜를 노래하고 있습니다. 주님의 은총에 감격하고 있습니다.

에노쉬를 기억해주신 하나님!
저 벤 아담을 보살펴 구원해주시고 살려주신 하나님!

어쩌자고 저 연약한 에노쉬의 머리 위에 영화와 존귀로 관을 씌워주신 것입니까?
어쩌자고 먼지로 뭉쳐진 흙덩이 저 벤 아담 속에 주님의 모습을 새기시고 죽어도 죽지 않는 생명을 넣어주신 것입니까?
에노쉬! 그리고 저 벤 아담이 도대체 무엇이기에 주의 손으로 만드신 것을 다스리게 하시고 만물을 그 발아래 두셨습니까?

외롭고 쓸쓸한 기운에 시들어 말라가던 허약한 에노쉬!
흘러가는 세월 따라 땅의 무덤을 찾아가는 저 눈물의 벤 아담!

하나님께서 기억해 주시고 보살펴 주시지 않으면 인생의 좌절과 고뇌를 견뎌낼 수 없고 도저히 희망을 가져 볼 수 없는 불가능한 사람

21

인 오늘의 에노쉬에게 하나님의 은혜가 임했다는 사실이 삶의 능력이
요 용기가 아니겠습니까?

이 감격은 한 번이 아니고 영원하며, 이 땅에서만이 아니라 하늘나
라까지 약속해 주신 주님의 십자가 사랑이 아니냐 말입니다.

이제 기뻐할 수 있습니다.

감사할 수 있습니다.

사랑할 수 있습니다.

에노쉬! 그리고 저 벤 아담은 도대체 무엇입니까?

이 물음을 쉬지 않고 하면서 가는 나그네, 이들이 은혜 받은 하늘
나라 백성들입니다.

2 장

이 풍랑 인연하여서

먼저 말씀을 읽고 묵상하십시오.

빌립보서 1장 12-24절

12. 형제들아 내가 당한 일이 도리어 복음 전파에 진전이 된 줄을 너희가 알기를 원하노라

13. 이러므로 나의 매임이 그리스도 안에서 모든 시위대 안과 그 밖의 모든 사람에게 나타났으니

14. 형제 중 다수가 나의 매임으로 말미암아 주 안에서 신뢰함으로 겁 없이 하나님의 말씀을 더욱 담대히 전하게 되었느니라

15. 어떤 이들은 투기와 분쟁으로, 어떤 이들은 착한 뜻으로 그리스도를 전파하나니

16. 이들은 내가 복음을 변증하기 위하여 세우심을 받은 줄 알고 사랑으로 하나

17. 그들은 나의 매임에 괴로움을 더하게 할 줄로 생각하여 순수하지 못하게 다툼으로 그리스도를 전파하느니라

18. 그러면 무엇이냐 겉치레로 하나 참으로 하나 무슨 방도로 하든지 전파되는 것은 그리스도니 이로써 나는 기뻐하고 또한 기뻐하리라

19. 이것이 너희의 간구와 예수 그리스도의 성령의 도우심으로 나를 구원에 이르게 할 줄 아는 고로

20. 나의 간절한 기대와 소망을 따라 아무 일에든지 부끄러워하지 아니하고 지금도 전과 같이 온전히 담대하여 살든지 죽든지 내 몸에서 그리스도가 존귀하게 되게 하려 하나니

21. 이는 내게 사는 것이 그리스도니 죽는 것도 유익함이라

22. 그러나 만일 육신으로 사는 이것이 내 일의 열매일진대 무엇을 택해야 할는지 나는 알지 못하노라

23. 내가 그 둘 사이에 끼었으니 차라리 세상을 떠나서 그리스도와 함께 있는 것이 훨씬 더 좋은 일이라 그렇게 하고 싶으나

24. 내가 육신으로 있는 것이 너희를 위하여 더 유익하리라

오케스트라 지휘자 가운데 토스카니니라는 사람이 있습니다. 그는 20세기 전반기를 대표하는 세계적인 지휘자입니다.

토스카니니는 시력이 매우 나빴다고 합니다. 그래서 수많은 교향곡의 음표와 오페라의 악보와 가사를 모두 외울 수밖에 없었습니다. 그는 처음에 첼로를 연주했는데 다른 사람이 쉬거나 잠자는 시간에도 밤을 새워가며 음표 하나하나와 악보를 외워서 모두 머릿속에 담아두었습니다.

그러던 어느 날 중요한 연주회에서 지휘자와 연주자, 가수 사이에 분쟁이 나서 공연 도중에 막을 내리는 일이 갑작스럽게 일어났습니다. 단원들은 할 수 없이 악보를 모두 외우고 있는 토스카니니를 지목하여 지휘해줄 것을 요청했습니다.

토스카니니는 모든 악보를 다 이해하고 외우고 있어서 훌륭하게 지휘를 해낼 수가 있었습니다. 그 후로 그는 실력을 인정받아 오케스트라의 정식 지휘자로 임명받게 되었습니다. 평생 지휘를 하면서 단 한 번도 악보를 보고 지휘한 적이 없었다는 유명한 일화가 전해져 내려옵니다.

토스카니니가 어떻게 세계적으로 유명한 지휘자가 될 수 있었습니까? 거의 앞을 볼 수 없는 나쁜 시력 때문이었습니다.

우리는 때때로 세상을 살아가면서 치명적인 어려움과 고난을 당할 때가 있습니다. 벅찬 계획이 하루아침에 무산되고 가슴 설레게 했던 희망이 산산조각이 날 때가 있습니다. 이럴 때 우리는 어떻게 해야 합니까?

실패와 역경 때문에 불행하게 된 사람도 있지만 오히려 실패와 역경을 성공과 승리의 기회로 만들어가는 사람도 있다는 것을 기억해야 합니다.

토스카니니는 앞이 보이지 않을 만큼 시력이 나빴기에 오히려 세계적인 지휘자가 될 수 있는 기회가 오지 않았습니까?

이란의 수도 테헤란에는 세상에서 아주 보기 드문 아름다운 왕궁이 있습니다. 그 왕궁의 벽과 기둥의 모자이크는 누구도 흉내 낼 수 없는 아름다운 작품으로 평가받고 있습니다. 이렇게 아름다운 왕궁이 세워지게 된 것은 이유가 있었습니다.

건축가들은 거대한 고급 유리로 벽과 기둥을 장식하려고 했습니다. 그런데 파리에서 유리를 수송하던 사람들이 실수를 해서 유리가 수천 개의 조각으로 깨져버렸다고 합니다. 그래서 모두 실망을 하고 있는데 그 중에 아이디어를 가진 한 건축가가 깨어진 유리조각을 이용한 건축 계획을 다시 세웠습니다.

그래서 깨어진 유리를 잘게 부수어 마치 추상적인 모자이크처럼 맞추었습니다. 그렇게 해서 유리조각은 햇빛에 반사되어 휘황찬란한 오색을 발하게 되었고 동화 속에서나 나올 법한 아름다운 왕궁이 되었다고 합니다.

때때로 삶의 용기를 북돋워주던 꿈이 산산조각이 날 때가 있습니다. 그러나 부서진 조각으로 다시 세워져 가는 인생의 탑이 아름다울 수도 있지 않겠습니까?

운송 사고로 통유리가 박살이 나서 쓸모가 없었지만 부서진 유리조각이 세계에서 가장 아름다운 왕궁을 장식할 줄 누가 알았겠습니까?

우리는 세상을 살아갈 때 상상도 할 수 없는 고난과 시련을 당할 때가 있습니다. 더 이상 세상에 살아 있어야 할 이유가 없는 것 같은 좌절감에 빠질 때가 있습니다.

신약 성경 빌립보서 1장 12절에 보면 이런 말씀이 기록되어 있습니다.

"형제들아 내가 당한 일이 도리어 복음 전파에 진전이 된 줄을 너희가 알기를 원하노라."

바울은 본래 예수 믿는 사람을 싫어해서 잡아다가 감옥에 가두고 죽이는데 앞장섰던 사람이었습니다.

그런데 어느 날 다메섹이라는 언덕을 넘어가다가 살아계신 예수님을 생생하게 만났습니다. 다른 사람이 전해준 복음을 듣고 '믿을까 말까' 하면서 생긴 믿음이 아니라 살아계셔서 인간 세상을 다스리시는 예수님을 직접 만나는 체험을 하고 난 다음에 생겨난 믿음이었습니다.

예수님을 만난 바울은 예수님을 믿어야 죄를 용서 받고 구원받아 천국에 갈 수 있다며 전문적인 복음 전도자로 나서게 되었습니다. 예수님을 믿어야 구원받고 천국에 간다는 복음을 전하기 위해서 자신이 좋아하고 사랑했던 것을 다 내어버렸습니다.

당대 최고의 지식인이고, 지성인이고, 얼마든지 부귀영화를 누리며 살아갈 수 있는 인간 조건이 있었음에도 불구하고 다 버렸습니다. 심지어 결혼도 하지 않고 이곳저곳을 돌아다니며 예수님을 믿어야 구원받아 천국에 갈 수 있다고 외치며 돌아다녔습니다.

그런데 바울이 자신의 처지를 이렇게 고백합니다. "내가 당한 일"이 있다는 것입니다. 지금 내가 당하고 있는 기막힌 사건이 있다는 것입니다. 내가 지금 당하고 있는 기막힌 사연이 무엇이겠습니까?

우리는 이 세상을 살아가면서 기가 막힌 일을 당하고 살 때가 있습니다. 생각지도 않은 일을 당할 때도 있습니다. 믿었던 사람에게 당하는 일도 있습니다. 실수하고 잘못해서 당하는 일도 있지만 하필이면 왜 나에게 이런 일이 일어나야 하는지 답답함 속에서 기막힌 일을 당할 때도 있습니다.

바울이 당하고 있는 일이 무엇입니까?

환경적인 어려움을 당하고 있습니다

빌립보서 1장 13절에 "이러므로 나의 매임이 그리스도 안에서 모든 시위대 안과 그 밖의 모든 사람에게 나타났으니"라고 했습니다.
지금 바울 사도가 당하고 있는 어려움은 환경적인 어려움이었습니다. 감옥에 갇히게 되었습니다. 감옥에 갇혀서 자유를 빼앗겼습니다.
그러나 감옥에 갇히는 어려움을 당했지만 오히려 이 감옥에서 하나님의 말씀을 받아 기록했습니다. 뿐만 아니라 감옥에 갇혀 고통 받고 있는 중에도 기도를 쉬지 않았습니다. 찬송하기를 중단하지 않았습니다.

그랬더니 하나님의 능력이 감옥 터를 흔들어 감옥 문이 열리고 발을 묶고 있던 쇠사슬이 풀어지고 자유를 얻게 되었습니다.

하나님의 권능이 나타났습니다.

하나님의 능력이 기적으로 나타났습니다.

감옥에 갇히는 환경적인 어려움을 당했지만 오히려 살아계신 하나님의 능력이 나타나는 기적의 기회가 된 것입니다.

다니엘서 3장에 보면 느부갓네살 왕이 자신의 금신상에 절하지 않으면 극렬히 타는 풀무불에 던져 넣겠다는 법을 만들었습니다. 그러나 믿음이 좋은 유다의 청년들 사드락, 메삭, 아벳느고는 우상에게 절하지 않았습니다.

느부갓네살 왕은 세 청년을 풀무불을 칠 배나 뜨겁게 하여 던져 넣었습니다. 그러나 세 청년은 머리털 끝 하나 타지 않고 오히려 그들을 풀무불에 던져 넣은 사람만 바싹 타서 죽었습니다.

이 광경을 지켜본 느부갓네살 왕은 "사람을 구원할 다른 신이 없도다" 하고 세 청년을 높이 올려주었습니다.

환경적으로 어려움을 당하고 있습니까?

질병의 감옥에 갇혀 고통 속에 있습니까?

치료의 하나님, 고치시는 하나님의 능력을 드러낼 기회입니다.

경제적인 어려움으로 오도 가도 못할 감옥에 갇혀 있습니까?

열어주시고, 풀어주시고, 창대케 하시는 하나님의 권능을 볼 수 있는 기회입니다.

베드로는 밤새 수고했지만 실패한 환경이었습니다. 예수님께서 베드로의 삶의 현장으로 가셨습니다. 그리고 말씀하셨습니다. 베드로는 예수님의 말씀에 순종하여 빈 배를 만선으로 바꾸었습니다.

예수님은 절망스러운 환경을 희망의 자리로 바꾸어 주십니다.

예수님은 실패한 자리에 들어가셔서 승리의 기적을 베풀어 주십니다.

바울 사도는 감옥에 묶여 들어가는 절망스럽고 고통스러운 환경을 당했지만, 하나님의 능력과 권능으로 기적을 체험했습니다.

그러므로 환경이 어렵다고 낙심하지 마십시오.

기도하기를 쉬지 말고, 찬송하기를 중단하지 마십시오.

감옥은 언제나 믿음의 사람들에게 기적이 일어날 수 있는 자리인 것을 성경은 증언하고 있습니다.

사람으로 인한 어려움을 당하고 있습니다

빌립보서 1장 17절에 "저들은 나의 매임에 괴로움을 더하게 할 줄로 생각하여 순전하지 못하게 다툼으로 그리스도를 전파하느니라"라고 했습니다.

저들은 순전하지 못하게 다툼으로 주의 일을 합니다. 바울은 순전하지 못한 시기와 질투와 다툼의 사람들로 인하여 고통을 받았습니다.

바울은 가는 곳마다 환영을 받았지만 오해도 받았고 거절도 당하며 때로는 죽을 만큼 매를 맞기도 하고 억울한 누명을 쓰고 감옥에 갇히기도 했습니다. 핍박을 받았고 배신을 당했습니다.

고린도후서 11장 23절에 "내가 수고를 넘치도록 하고 옥에 갇히기도 더 많이 하고 매도 수없이 맞고 여러 번 죽을 뻔하였다"고 했습니다. 환경으로 당하는 고통도 크지만 이것보다 더 참을 수 없는 것은 사람을 통해서 당하는 고통입니다.

바울 사도는 사람으로 인한 고통을 당할 때 어떻게 했습니까?

빌립보서 1장 20절에 "아무 일에든지 부끄러워하지 아니하고 지금도 전과 같이 온전히 담대하여 살든지 죽든지 내 몸에서 그리스도가 존귀히 되게 하려 한다"고 했습니다.

사람으로 인해 고통을 당할 때 내 안에 그리스도가 계심을 드러내는 기회로 삼아야 한다는 말씀입니다.

바울 사도는 사람 때문에 고통을 당할 때 인격이 빛나는 기회로 삼았습니다. 내 안에 예수님이 살아계심을 드러내는 기회로 삼았습니다.

다윗의 성품과 인격이 언제 빛을 내었습니까?

사울이 다윗을 시기하여 죽이려고 쫓아다닐 때 다윗의 인간됨은 큰 인물로 드러나기 시작했습니다.

그때 다윗의 믿음이 태산 같아 보였고 그 성품과 인간성이 바다같이 넓고 깊어 보였습니다. 사람으로 인해 고통을 당할 때 인물됨을 알아볼 수 있습니다.

예수님께서 핍박을 받으시면서 빌라도의 법정에 섰을 때 죽음 앞에서도 흔들리지 않는 진리임이 드러났습니다.

그러나 빌라도는 옳은 줄 알면서도 잠시 사는 목숨이 아까워 정의를 거절하는 비겁자가 되었습니다.

바울 사도는 사람들에게 견딜 수 없는 고통을 당할 때 내 안에 그리스도가 존귀하게 살아계심을 드러내었습니다. 이것이 그리스도의 성품이고, 그리스도의 인격이고, 그리스도의 사람됨을 드러내는 기회가 된 것입니다.

사람에게 고통을 당할 때, 억울한 소리를 들을 때, 거절을 당할 때, 이 순간이야말로 인간됨을 드러낼 수 있는 기회입니다. 그리스도인의 인격으로 빛을 발할 수 있는 기회입니다. 이것을 잊지 않기를 바랍니다.

죽음 앞에서 절망하고 있습니다

빌립보서 1장 23절에 "내가 그 둘 사이에 끼었으니 차라리 세상을 떠나서 그리스도와 함께 있는 것이 훨씬 더 좋은 일이라 그렇게 하고 싶으나"라고 했습니다.

인간은 누구나 삶과 죽음 사이에 끼어 있는 위태로운 존재입니다. 바울은 차라리 사는 것보다 이 세상을 떠나서 그리스도께서 계신 하늘나라에 가는 것이 훨씬 좋겠다고 했습니다.

이 세상에 살아 있는 사람이 당하는 슬픔과 절망 가운데서 가장 큰 고통은 죽음을 당하는 일입니다. 사랑하는 이들의 죽음은 참을 수 없는 슬픔이고 절규입니다. 그런데 바울은 이 엄청난 죽음의 슬픔을 당할 때 어떻게 이 절망을 뛰어 넘을 수 있었습니까?

이 순간에 바울 사도는 하늘나라, 천국을 그리워하고 있습니다.

사람은 비로소 죽음 앞에 서야 천국을 생각하게 됩니다. 배부르고 편안할 때는 천국이 생각나지 않습니다. 그러나 죽음 앞에 서면 하늘나라를 바라보게 됩니다.

스데반 집사가 돌에 맞아 죽습니다. 오직 예수를 믿는다는 이유 하나로 죽습니다.

어떻게 억울한 죽음을 받아들일 수 있습니까?

스데반의 머리 위에 하늘이 열렸습니다. 예수님께서 서 계신 천국을 보았습니다. 스데반은 죽어가면서도 자신을 죽이는 원수들을 위해 용서의 기도를 드렸습니다. 왜냐하면 천국이 열렸기 때문입니다.

사도 요한은 밧모 섬에 90세 노인으로 유배를 당했습니다. 언제 죽을는지 하루하루가 사잣밥을 먹는 순간이었습니다. 그러나 그는 주님께 엎드려 기도하는 중에 새 하늘 새 땅이 열리는 것을 보았습니다.

사도 요한은 죽음 앞에서 새 하늘 새 땅을 보았고 "아멘 주 예수여 어서 오시옵소서" 하고 천국을 그리워했습니다.

성서 역사 가운데 하나님을 처음으로 불렀던 사람들은 '에노스'라는 사람이었습니다(창 4:26). 에노스란 '죽음의 존재'라는 뜻입니다.

사람들이 하나님을 언제 부릅니까?

누가 하나님의 이름을 부릅니까?

자신이 죽음의 존재라는 사실을 자각할 때 비로소 생명 되신 하나님을 부릅니다. 자신이 죄인이라는 사실을 알 때에 비로소 예수님의 십자가 눈에 보입니다.

예수님은 십자가에서 죽으셨습니다. 죽음 너머에 천국과 지옥이 있다는 사실을 모르고 땅 위에 것만 찾아 살던 사람들은 예수님을 다 저버리고 도망했습니다.

그러나 예수님은 십자가에서 죽은 후에 부활이 있음을 알고 계셨습니다. 십자가 죽음 너머에 영원한 아버지의 집이 있음을 알고 계셨습니다. 그러기에 십자가에 못 박혀 죽음을 맞이했습니다.

바울 사도는 빌립보서 1장 12절에 "내가 당한 일이 도리어 복음 전파에 진전이 된 줄을 너희가 알기를 원하노라"라고 했습니다.

우리는 환경으로 어려움을 당할 때가 있습니다. 그러나 하나님의 능력으로 기적이 나타날 기회입니다.

때로는 사람으로 인해 어려움을 당할 때가 있습니다. 그러나 그리스도인으로 인격이 빛날 수 있는 기회입니다.

때로는 죽음의 슬픔으로 고통을 당할 때가 있습니다. 그러나 비로소 죽음 앞에 서 있을 때 우리는 생명의 주님을 부를 수 있습니다. 그리고 잃어버리고 살았던 천국을 희망하게 됩니다.

하늘나라를 그리워하는 사람으로 다시 시작해야 합니다.
오늘 우리가 당하는 이 풍랑을 인연하여 새로운 기회가 열립니다.

3장

다시 일으켜 주시는 예수님

먼저 말씀을 읽고 묵상하십시오.

요한복음 5장 1-9절

1. 그 후에 유대인의 명절이 되어 예수께서 예루살렘에 올라가시니라
2. 예루살렘에 있는 양문 곁에 히브리 말로 베데스다라 하는 못이 있는데 거기 행각 다섯이 있고
3. 그 안에 많은 병자, 맹인, 다리 저는 사람, 혈기 마른 사람들이 누워 〔물의 움직임을 기다리니
4. 이는 천사가 가끔 못에 내려와 물을 움직이게 하는데 움직인 후에 먼저 들어가는 자는 어떤 병에 걸렸든지 낫게 됨이러라〕
5. 거기 서른여덟 해 된 병자가 있더라
6. 예수께서 그 누운 것을 보시고 병이 벌써 오래된 줄 아시고 이르시되 네가 낫고자 하느냐
7. 병자가 대답하되 주여 물이 움직일 때에 나를 못에 넣어 주는 사람이 없어 내가 가는 동안에 다른 사람이 먼저 내려가나이다
8. 예수께서 이르시되 일어나 네 자리를 들고 걸어가라 하시니
9. 그 사람이 곧 나아서 자리를 들고 걸어가니라 이 날은 안식일이니

　　　　　타임지가 선정한 인물 가운데 인류에게 가
장 크게 공헌한 사람은 첫 번째가 에디슨이었고 그다음은 에이브러햄
링컨이었습니다.
　두 사람의 공통점은 처절하리만큼 어린 시절부터 실패자로 버려진
사람들이었다는 사실입니다.

　에디슨은 초등학교 때 이미 학업에 적응할 수 없는 열등아로 취급
을 받아 학교를 다닐 수가 없었습니다. 게다가 귀가 들리지 않는 장애
를 가지고 있었습니다.
　그럼에도 불구하고 1만 번의 실패 끝에 전기 실험에 성공했고, 5만
번의 실패를 거듭하면서 축전지를 발명했습니다. 그는 백열전등을 만
드는데 1천 2백 번이나 실패를 했습니다. 그는 평생 동안 11만 번이

나 실패했다고 합니다. 실패할수록 그는 위대한 성공을 이루어내었습니다.

또한 에이브러햄 링컨은 가난한 집에서 태어나 어머니가 아홉 살 때 세상을 떠났습니다. 겨우 초등학교 6개월을 다닌 것이 학력의 전부였고 26세 때는 사랑하는 여인이 죽었습니다. 27세 때는 신경쇠약과 정신분열증으로 고생해야 했고, 사업에 실패했고 의회선거에 도전했다가 열 번 이상이나 낙선했습니다.

그러나 그는 마침내 미국 16대 대통령에 당선되어 위대한 인물이 되었습니다.

링컨이 걷는 길은 언제나 험하고 미끄러웠습니다. 그래서 그는 자꾸만 미끄러져 길 밖으로 곤두박질치곤 했습니다. 그러나 그는 곧바로 기운을 차리고 자신에게 이렇게 말했다고 합니다.

"길이 약간 미끄러울 뿐이지 아직 낭떠러지는 아니다."

위대하고 값진 성공은 언제나 처절한 실패를 극복한 다음에 찾아옵니다.

성경은 처절한 실패자들의 기록입니다

38년 동안이나 제 힘으로 일어날 수 없는 몹쓸 질병에 붙들려 누워 있는 가련하고 눈물겨운 인생을 누가 성공한 인생이라고 하겠습니까?

이미 무너진 사람이고 주저앉아버린 흙더미 같은 사람입니다.

이 사람은 혹시나 해서 베데스다라는 못가에 나가 40년 가까운 세월을 하루같이 기다렸습니다.

베데스다라는 못에는 가끔 천사들이 내려와 물을 동하게 하는데, 이때 누구든지 제일 먼저 들어가는 사람은 무슨 병에 걸렸든지 낫는 일이 있었습니다.

그러기에 베데스다 못가에는 갖가지 병들로 아파하며 고통을 받는 사람들이 연못 물을 바라보며 기다리고 있었습니다. 그러나 물이 동한다 할지라도 이 사람은 스스로 연못 물에 뛰어 들어갈 수가 없었습니다. 아무리 몸에 힘을 주고 애를 써도 연못 물에 뛰어 드는 것은 불가능했습니다.

미국 애틀랜타에 있는 그레이스교회의 존 알렌 목사는 평균 3일에 한 번씩은 물이 동하였다는 연구 결과를 내놓았습니다. 그렇다면 40년이면 대략 5천 번이나 물이 동한 셈인데, 이 사람은 5천 번의 기회를 다 놓쳐버린 실패자였습니다. 5천 번의 기회를 다 놓쳐버린 실패자였지만 이 사람은 아직도 베데스다의 연못 물을 바라보고 있었습니다.

때는 유대인의 최고 명절이었습니다. 예루살렘은 풍요와 잔치로

술렁이고 있었습니다. 배부르게 먹고 마시며 노래를 부르고 춤을 추는 축제로 시간이 가는 줄 모르고 있었습니다. 사람들은 잔치가 있는 예루살렘으로 모여들고 있었습니다. 사람들이 예루살렘의 풍요의 거리로 모여들고 있을 때 예수님은 베데스다의 연못가로 발걸음을 옮기고 계셨습니다.

예수님은 병들어 신음하고 고통에 신음하는 실패자들이 모여 있는 곳으로 오셨습니다.

그 중에서도 가장 절망스러운 사람, 가장 처절하고 불쌍하며 가련한 실패자, 38년 동안이나 누워 있는 5천 번의 실패자에게 예수님은 오셨습니다.

그리고 물으셨습니다.

"네가 낫고자 하느냐?"

"5천 번의 실패를 하고서도 그래도 넌 희망을 가지고 있느냐?"

이 사람은 "주여! 물이 동할 때에 나를 못에 넣어 주는 사람이 없어 내가 가는 동안에 다른 사람이 먼저 내려가나이다"라고 대답을 합니다.

이때 예수님께서 "일어나 네 자리를 들고 걸어가라"하시니 그 사람이 곧 나아서 자리를 들고 걸어갑니다.

이 사건을 통하여 주님께서 주시는 은혜가 무엇입니까?

우리는 모두 실패하는 인생입니다

이 세상을 살아가는 사람들 가운데 단 한 번도 실패 없이 성공만 하다가 세상을 떠나는 사람이 어디에 있습니까?

산봉우리가 높을수록 골짜기가 깊듯이 인격과 삶이 빛이 날수록 실패와 아픔의 깊이가 더했던 사람들입니다.

성경에 기록된 인물들은 모두 다 처절한 실패자들이었습니다.

아브라함은 정처 없이 떠돌아 다녔던 실패자였습니다. 뿐만 아니라 하나님의 부름을 받고 나서도 말씀에 순종하지 않아 아내의 여종이었던 하갈과의 불륜으로 이스마엘을 낳았던 사람이었습니다. 그러나 지금은 그 누구도 아브라함을 실패자라고 부르지 않습니다. 그는 믿음의 조상이고 축복의 조상이라고 불려지고 있습니다.

야곱은 실패자였습니다. 아버지와 형을 속이고 상속 재산을 가로채려던 패륜아였습니다. 그는 도망자였고 사기꾼이었습니다. 그는 7년 머슴살이가 실패로 돌아갔고 사랑했던 여인 라헬이 죽어 사랑에도 실패했습니다.

부인이 네 명에다 배다르게 태어난 열두 명의 자식들은 서로 다투고 미워하고 싸웠던 가정의 실패자였고 자식교육에도 실패한 자였습니다. 그러나 수없이 되풀이되는 실패와 좌절의 인생 여정 속에서 하나님은 그를 이스라엘, 승리자, 성공자로 세우셨습니다.

모세도 실패자였습니다. 그는 사람을 죽인 살인자이고 도망자이고 수배자였습니다. 그러나 하나님은 모세를 실패자로 내버려두지 않으셨습니다. 오히려 그는 처절하게 실패했기에 하나님만 의지할 수 있었습니다.

다윗도 실패자였습니다. 쫓기고 도망을 다니는 젊은 날을 살았습니다. 왕이 된 다음에 그는 충성된 부하의 아내를 범하고 그 죄를 숨기기 위해 살인죄를 저지르는 흉악범이 되었습니다.

뿐만 아니라 자식들의 반역으로 피눈물을 흘리며 망명길에 올라야 했던 가정과 자식교육에 실패한 자였습니다.

그럼에도 불구하고 그는 하나님의 마음에 합한 자라고 성경은 기록하고 있습니다.

베드로는 예수님을 따르다가 세 번씩이나 배반한 실패자였고, 바울은 교회와 예수님을 핍박하며 스데반 학살에 참여했던 실패자였습니다.

인간은 모두 실패자라는 것을 성경은 증언하고 있습니다.

돈은 벌었는지 모르지만 윤리적으로는 실패자입니다. 큰 흠이 없이 살아왔다고 자부하는지는 모르지만 하나님 앞에서 판단 받을 때 하나님의 기준에 못 미치는 자격 미달자들입니다.

때로는 사업이 실패하기도 하고 자식이 기대에 미치지 못하기도

44

하고 꿈이 좌절되기도 하는 실패자입니다.

사람은 모두 아픔과 좌절을 안고 살아가는 실패자입니다.

요한복음 5장에 등장하는 사람은 5천 번의 기회를 다 실패하고 말았습니다. 그러기에 이 사람은 나를 못에 넣어 주는 사람이 없다고 탄식했습니다.

나를 일으켜 주는 사람이 없습니다.

내가 실패했을 때 삶을 다시 시작할 수 있도록 나를 일으켜 주는 사람이 누구입니까?

나를 일으켜 줄 사람이 없다고 한탄하는 이 사람에게 예수님이 오셔서 말씀하십니다.

"내가 바로 그 사람이다."

너를 실패의 자리에서 일으켜 달려가도록 앞날을 열어주는 사람, 참사람이 바로 나라고 하셨습니다.

실패의 자리에 머물러 있는 자신을 구원하여 일으켜 세워 줄 사람을 기다리는 그에게 예수님이 오셨습니다. 그리고 "일어나 걸어가라"고 말씀하셨습니다.

예수님은 앞길을 열어주시는 분입니다. 예수님은 실패자를 일으켜 세워 성공을 향하여 달려가도록 능력을 행하시는 분입니다.

"일어나 네 자리를 들고 걸어가라"고 하셨습니다. 일어나 걸어가되 실패의 흔적을 잃어버려서는 안 됩니다. 지난날의 아픔과 과거의 슬픔을 망각해서는 안 됩니다.

누워 있던 자리를 걸머지고 앞으로 가라고 하셨습니다. 실패의 역사를 망각해서는 안 된다는 말씀입니다.

이스라엘이 타락할 때는 언제나 애굽에서 종살이하던 고난의 역사를 망각할 때였습니다. 기독교와 성도들이 타락할 때는 언제나 예수님의 십자가 고난을 잊어버리고 하나님 앞에서 오만하고 방자하게 행했습니다.

예수님은 실패자에게 찾아오십니다. 더 이상 내 힘으로는 불가능하다는 것을 절감하는 사람에게 오십니다.

넓고 넓은 이 세상 천지에 내 운명과 삶을 책임져 줄 사람이 없으며 주저앉은 나를 일으켜 줄 사람이 없다고 탄식하는 자리에 예수님이 찾아오십니다.

그리고 말씀하십니다. "일어나 네 자리를 들고 걸어가라."

우리 모두는 실패자입니다. 애쓰면서 살았지만 실패했고 다시 실패했습니다. 이 실패한 몸을 다시 일으켜 앞날을 열어줄 사람이 없습니다.

그러나 예수님은 실패한 여러분과 저에게 찾아오셨습니다. 실패의 아픔과 고통이 크면 클수록 더 가까이 오시는 주님이십니다.

그리고 말씀하십니다. "일어나 네 자리를 들고 걸어가라."

일어나 걸어간 이 사람은 이렇게 말했습니다. "그 사람이 유대인 들에게 가서 자기를 고친 이는 예수라 하니라"(요 5:15)

우리도 이 사람처럼 살아야 하지 않겠습니까?

"나를 다시 일으켜 주신 분이 예수님입니다"라고 말입니다

4장

주라 그리하면 넘치도록 주리라

먼저 말씀을 읽고 묵상하십시오.

누가복음 6장 27-38절

27. 그러나 너희 듣는 자에게 내가 이르노니 너희 원수를 사랑하며 너희를 미워하는 자를 선대하며

28. 너희를 저주하는 자를 위하여 축복하며 너희를 모욕하는 자를 위하여 기도하라

29. 너의 이 뺨을 치는 자에게 저 뺨도 돌려대며 네 겉옷을 빼앗는 자에게 속옷도 거절하지 말라

30. 네게 구하는 자에게 주며 네 것을 가져가는 자에게 다시 달라 하지 말며

31. 남에게 대접을 받고자 하는 대로 너희도 남을 대접하라

32. 너희가 만일 너희를 사랑하는 자만을 사랑하면 칭찬 받을 것이 무엇이냐 죄인들도 사랑하는 자는 사랑하느니라

33. 너희가 만일 선대하는 자만을 선대하면 칭찬 받을 것이 무엇이냐 죄인들도 이렇게 하느니라

34. 너희가 받기를 바라고 사람들에게 꾸어 주면 칭찬 받을 것이 무엇이냐 죄인들도 그만큼 받고자 하여 죄인에게 꾸어 주느니라

35. 오직 너희는 원수를 사랑하고 선대하며 아무 것도 바라지 말고 꾸어 주라 그리하면 너희 상이 클 것이요 또 지극히 높으신 이의 아들이 되리니 그는 은혜를 모르는 자와 악한 자에게도 인자하시니라

36. 너희 아버지의 자비로우심 같이 너희도 자비로운 자가 되라

37. 비판하지 말라 그리하면 너희가 비판을 받지 않을 것이요 정죄하지 말라 그리하면 너희가 정죄를 받지 않을 것이요 용서하라 그리하면 너희가 용서를 받을 것이요

38. 주라 그리하면 너희에게 줄 것이니 곧 후히 되어 누르고 흔들어 넘치도록 하여 너희에게 안겨 주리라 너희가 헤아리는 그 헤아림으로 너희도 헤아림을 도로 받을 것이니라

어느 추운 겨울날 저의 큰딸이 태어났습니다. 저는 소원이 있었습니다. 이 아이가 하나님의 복을 받아 잘 사는 것이었습니다. 그래서 하나님께 기도했습니다.

하나님께서도 좋아하시고 사람에게도 유익한 삶이 무엇인가를 구하는 중에 누가복음 6장 38절 말씀을 생각나게 해 주셨습니다. 그래서 큰딸의 이름을 '주라'라고 지어 주었습니다.

하나님께서 복을 주시는 사람

하나님께서 복을 주시는 사람은 누구입니까?

주는 사람입니다.

"주라! 그러면 너희에게 넘치도록 줄 것이니라"라고 했습니다.

하나님께서 좋아하시는 사람은 넉넉한 마음으로 남에게 주는 것을 좋아하는 사람입니다.

하나님께서 싫어하시는 사람은 인색한 사람입니다. 인색하고 이기적인 사람은 하나님도 싫어하시고 사람들도 싫어합니다.

하나님의 깊은 속성은 주시는 것입니다. 아름답게 만드신 에덴동산을 통째로 아담에게 내어 주셨습니다. 아담이 외로울까봐 하와를 만들어서 또 주셨습니다.

하나님을 반역하고 죄를 범한 인간에게 예수님을 보내주셨습니다. 믿음도 주시고, 성령도 주시고, 말씀도 주시고, 은혜도 주시고, 천국도 주셨습니다. 영생을 주시고 응답을 주시고 사랑을 주십니다.

예수님께서도 이 세상에 오셔서 모든 것을 주셨습니다. 몸속의 피한 방울, 물 한 방울을 남기지 않으시고 전부 주셨습니다. 예수님의 성품은 주시는 것입니다. 그래서 주기를 좋아하는 사람이 예수님을 닮은 사람입니다.

우리는 예수님을 믿음으로 구원을 받습니다. 예수님을 믿어 구원받은 다음에는 예수님을 본받아야 합니다. 예수님의 성품과 삶을 본받아 예수님을 닮아가는 것이 신앙생활입니다. 예수님을 닮은 사람은 주기를 좋아하는 사람입니다.

마음이 좁은 사람은 주지 않습니다.

마음이 넓고 큰 사람이 줍니다.

"너희 원수를 사랑하며 너희를 미워하는 자를 선대하며 너희를 저주하는 자를 위하여 축복하며 너희를 모욕하는 자를 위하여 기도하라 너의 이 뺨을 치는 자에게 저 뺨도 돌려대며 네 겉옷을 빼앗는 자에게 속옷도 거절하지 말라"(눅 6:27-29)라고 했습니다.

주는 사람은 마음이 넓은 사람입니다.

마음보가 좁은 밴댕이 속인지 아니면 하늘같이 바다같이 넓고 큰 사람인지는 자기에게 손해를 준 사람을 어떻게 대하는가에 달려 있습니다. 자신에게 피해를 주고 손해를 끼친 사람을 이해하고 용서해 주는 사람이 큰사람이고 마음이 넓은 사람입니다. 그러나 작고 답답한 사람은 조금도 손해를 보려고 하지 않습니다.

미국의 본토인은 본래 인디언입니다. 여행 중에 지친 인디언 한 사람이 백인 마을을 지나가다가 배고프고 목이 말라서 어느 집 문을 두드렸습니다. 그러나 백인은 인디언에게는 물 한 방울도 줄 수 없다고 내쫓았습니다.

얼마 후에 이 백인은 산 속으로 사냥을 갔다가 길을 잃고 헤매였습니다. 그러다가 기진하여 쓰러졌습니다.

바로 이때 근처에서 일을 하고 집으로 돌아가던 인디언이 쓰러져 있는 백인을 데려다가 살려주었습니다.

백인이 눈을 떠보니 바로 며칠 전에 물 한 모금을 달라던 인디언이 있었습니다. 백인은 "왜 나를 이렇게 친절하게 보살펴주었느냐?"고 물었습니다.

인디언은 "만약 당신이 나에게 한 것처럼 내가 당신을 대했다면 당신은 이미 죽었을 것이다"라고 했습니다.

누가 큰사람입니까?

누가 마음이 넓은 사람입니까?

우리는 나를 섭섭하게 한 사람을 잘 대해 주어야 합니다. 나에게 고통을 준 사람에게도 용서를 베풀고 사랑을 주어야 합니다.

이 마음이 예수님의 마음입니다. 이것이 예수님을 본받는 삶이며 이런 사람에게 후히 되어 누르고 흔들어 넘치도록 은혜를 부어 주십니다.

조금 섭섭하다고 마음이 뒤틀어지고 불평하는 사람에게는 은혜가 임할 리가 없고 복이 주어질 리가 없습니다.

넓은 마음을 가진 큰사람에게 후히 되어 누르고 흔들어 넘치도록 주십니다.

되돌아올 것을 계산하고 주는 것은 불순한 것입니다.

"너희가 받기를 바라고 사람들에게 꾸어 주면 칭찬 받을 것이 무엇이냐 오직 너희는 원수를 사랑하고 선대하며 아무것도 바라지 말고 꾸어 주라"(눅 6:34-35)

뇌물과 선물은 다릅니다. 뇌물은 되돌아올 대가를 계산하고 주는 것입니다. 그러므로 줄 때는 아무것도 바라지 말고 깨끗한 마음으로 주어야 합니다. 계산하지 말고 순수한 마음으로 대접해야 합니다.

요즈음 부패한 정치의 문제가 무엇입니까?

준 사람도 감옥으로 가고 받은 사람도 감옥으로 갑니다. 무엇인가를 바라고 주었고 또한 무엇인가를 주겠다 약속하고 받았기 때문에 부정이었습니다.

그러기에 주고받을 때는 순수하고 깨끗한 그릇에 담아 주어야 하고 받아야 합니다. 그리고 준 사람은 주는 즉시 잊어버려야 합니다.

경주 최 부잣집 이야기가 있습니다. 최 부잣집은 3천 석을 하는 집이었는데 1천 석은 가용으로, 1천 석은 과객 접대에, 1천 석은 주변 지역의 어려운 사람들을 도와주는데 썼다고 합니다.

최 부잣집은 날마다 백 명의 나그네와 배고픈 사람들에게 대접을 했는데 집에 찾아오는 사람들에게는 최선을 다해서 대접을 했고 예법을 갖추었습니다.

이렇게 명문가는 3백 년 이상을 이어져 왔는데 일제 강점기에 김구 선생에게 독립운동 자금을 지원하다가 만석꾼의 최 부잣집이 하루아침에 무일푼이 되었습니다.

이때 최 부잣집을 결정적으로 도와준 사람이 식산은행 총재였던 일본인 아리가였다고 합니다. 아리가는 최 부잣집에 식객으로 신세진 적도 있고 최 부잣집의 선행을 알고 있었기 때문에 도움을 주었습니다.

조건 없이 대접하고 나누어 먹고 베풀면 언젠가는 다시 돌아오게 마련입니다.

잠언서 19장 17절에 "가난한 자를 불쌍히 여기는 것은 여호와께 꾸어 드리는 것이니 그의 선행을 그에게 갚아 주시리라"고 했습니다.

어려운 사람을 도와주고 힘들 때 도와주는 사람은 하나님께서 빚으로 여기시고 다 갚아 주실 것이라는 말씀입니다. 하나님은 깨끗하고 순수한 마음으로 주는 사람에게 복을 주십니다.

주는 사람은 마음이 너그럽습니다

"너희 아버지의 자비로우심 같이 너희도 자비로운 자가 되라 비판하지 말라 그리하면 너희가 비판을 받지 않을 것이요 정죄하지 말라

그리하면 너희가 정죄를 받지 않을 것이요 용서하라 그리하면 너희가 용서를 받을 것이요"(눅 6:36-37)

인색하고 옹졸한 사람은 인간관계에서도 거절을 당합니다. 나와 다른 사람이라도 받아줄 수 있는 너그러움과 따뜻함이 있어야 합니다.

누가복음 15장에 보면 탕자의 비유가 나옵니다.

둘째 아들이 아버지의 재산을 분배받아 세상에 나가 탕진하고 거지가 되어 돌아왔습니다. 아버지는 집나갔던 아들이 돌아왔으니 너무 기뻤습니다.

성공하고 출세해서 돌아와 기쁜 것이 아니었습니다. 탕자이고 죄를 지었어도 아버지를 찾아 돌아온 것이 기뻤습니다. 그래서 잔치를 열었습니다. 송아지를 잡고 동네 사람들을 초청해서 춤을 추며 즐거워했습니다.

그때 큰아들이 들판에서 일을 마치고 돌아왔습니다. 큰아들은 재산을 탕진하고 돌아온 동생을 못마땅하게 여겼습니다. 더욱이 잔치까지 열어 춤을 추고 있는 아버지가 못마땅했습니다. 큰아들은 성질을 부렸습니다. 아예 집으로 들어가지도 않고 아버지에게 항의하며 따졌습니다.

재산을 허비하고 탕진한 놈에게는 송아지를 잡아주고 날마다 땀 흘리며 일하는 자기에게는 염소새끼 한 마리 잡아준 적이 있느냐고 아버지에게 따지고 대들었습니다. 잔칫상에 찬물을 뿌린 격이 되었습니다.

한쪽 구석에서 고개를 들지 못하고 이 광경을 보고 있던 둘째 아들
은 혀를 깨물며 '내가 왜 돌아왔던가? 돼지우리에 처박혀 죽는 것이
차라리 낫지 않았겠는가?' 하고 통한의 눈물을 쏟았습니다.

아버지의 마음은 '형이란 자가 어찌 이럴 수 있는가?' 한없이 한없
이 서글퍼졌습니다. 함께 춤을 추고 즐거워하던 동네 사람들은 슬금
슬금 다 빠져나갔습니다.

아버지의 기쁨에 참여하지 못하는 인색하고 뒤틀린 큰아들이 우리
의 모습은 아닌지 모르겠습니다.

만약 큰아들이 아버지의 기쁨에 함께 참여하여 "아버지! 크고 좋
은 놈으로 송아지 한 마리 더 잡겠습니다" 이랬다면 얼마나 좋았겠습
니까?

돌아온 탕자는 감격의 눈물을 흘리며 '세상에 형밖에 없구나!' 라고
생각했을 것입니다. 아버지는 또 얼마나 기뻐셨겠습니까? 동네 사람
들은 얼마나 이들을 칭송했겠습니까?

강퍅한 사람은 형제에게 상처를 주고 인간관계를 다 파괴시킵니
다. 그러나 마음이 너그러운 사람은 잔치를 열게 합니다. 마음이 따뜻
하고 너그러운 사람은 사람들에게 기쁨을 주고 감동을 줍니다.

어느 모임이든 인색하고 옹졸한 사람이 끼어들어 있으면 다 흩어

지고 맙니다. 그러나 서로서로 주는 것을 좋아하는 사람들이 모여 있으면 날마다 잔칫집입니다.

주는 것을 좋아하십시오. 음식점에 가면 먼저 돈을 내십시오. 좋은 것을 다른 사람에게 나누어 주십시오.

저도 어렵고 힘든 때에 한 신학생이 등록금이 없다고 하여 퇴직금까지 빼서 준 적이 있습니다. 그래도 하고 싶은 일 다 하면서 살아오고 있습니다.

초대교회 사람들은 가난한 자가 한 사람도 없었습니다. 사도행전 4장 34절에 "그 중에 가난한 사람이 없으니"라고 했습니다. 그 이유는 자기 재물을 조금이라도 자기 것이라 하는 이가 하나도 없었기 때문입니다. 여기에 부자가 된 이유가 있었습니다.

주는 것을 좋아했던 초대교회는 가난한 사람이 하나도 없이 다 부유한 축복을 받았습니다. 다른 사람의 것을 빼앗아 챙겨놓으면 부자가 될 줄 알지만 오히려 가난해지고 비참해집니다. 주는 것만큼 부자이고 복을 받은 사람입니다.

주는 것이 하나님의 속성입니다. 주는 것이 예수님의 속성입니다. 우리도 주는 삶을 살아야 합니다.

넓은 마음을 가진 큰사람만이 줄 수 있습니다.

줄 때는 깨끗하고 순수한 마음으로 주어야 합니다.

너그러운 마음을 가진 사람만이 줄 수 있습니다.

"주라 그리하면 너희에게 줄 것이니 곧 후히 되어 누르고 흔들어 넘치도록 하여 너희에게 안겨 주리라 너희가 헤아리는 그 헤아림으로 너희도 헤아림을 도로 받을 것이니라"(눅 6:38)

5
장

그
해
에
백
배
의
복
을
받
은
사
람

먼저 말씀을 읽고 묵상하십시오.

창세기 26장 12-25절

12. 이삭이 그 땅에서 농사하여 그 해에 백배나 얻었고 여호와께서 복을 주시므로

13. 그 사람이 창대하고 왕성하여 마침내 거부가 되어

14. 양과 소가 떼를 이루고 종이 심히 많으므로 블레셋 사람이 그를 시기하여

15. 그 아버지 아브라함 때에 그 아버지의 종들이 판 모든 우물을 막고 흙으로 메웠더라

16. 아비멜렉이 이삭에게 이르되 네가 우리보다 크게 강성한즉 우리를 떠나라

17. 이삭이 그 곳을 떠나 그랄 골짜기에 장막을 치고 거기 거류하며

18. 그 아버지 아브라함 때에 팠던 우물들을 다시 팠으니 이는 아브라함이 죽은 후에 블레셋 사람이 그 우물들을 메웠음이라 이삭이 그 우물들의 이름을 그의 아버지가 부르던 이름으로 불렀더라

19. 이삭의 종들이 골짜기를 파서 샘 근원을 얻었더니

20. 그랄 목자들이 이삭의 목자와 다투어 이르되 이 물은 우리의 것이라 하매 이삭이 그 다툼으로 말미암아 그 우물 이름을 에섹이라 하였으며

21. 또 다른 우물을 팠더니 그들이 또 다투므로 그 이름을 싯나라 하였으며

22. 이삭이 거기서 옮겨 다른 우물을 팠더니 그들이 다투지 아니하였으므로 그 이름을 르호봇이라 하여 이르되 이제는 여호와께서 우리를 위하여 넓게 하셨으니 이 땅에서 우리가 번성하리로다 하였더라

23. 이삭이 거기서부터 브엘세바로 올라갔더니

24. 그 밤에 여호와께서 그에게 나타나 이르시되 나는 네 아버지 아브라함의 하나님이니 두려워하지 말라 내 종 아브라함을 위하여 내가 너와 함께 있어 네게 복을 주어 네 자손이 번성하게 하리라 하신지라

25. 이삭이 그 곳에 제단을 쌓고, 여호와의 이름을 부르며 거기 장막을 쳤더니 이삭의 종들이 거기서도 우물을 팠더라

한 주간 동안 인적이 드문 작은 기도원에 가서 금식하며 기도했습니다. 대부분 금식을 하면서 기도를 할 때는 다급한 문제가 있을 때 하는 것이 보통입니다만 이번 금식기도는 발등에 불이 떨어져서 한 것은 아닙니다.

　금식을 할 때는 힘이 들고 고통스럽지만 생명을 걸고 결사적인 기도를 주님께 드린다는 의미에서 주님께서 기뻐하시고 또한 응답을 확신하는 것입니다.

　삼 일째 되는 날은 찬바람이 불고 눈발이 휘날렸습니다. 오후에 산골짜기 바위틈에 엎드려 적어주신 기도제목을 붙들고 한 줄, 한 줄 읽으며 기도하고 있었습니다. 보통 한 번 기도를 다하고 나면 두 시간 내지 세 시간이 걸렸습니다.

기도가 다 끝난 다음 지친 심령으로 그 자리에 그냥 엎드려 있었습니다. 그때 갑자기 성령께서 저의 마음을 감동하시며 말씀하셨습니다.

"사랑하는 종아! 너의 기도를 들었다. 내가 백배의 복을 주겠다!"

이 말씀을 듣고 눈을 떠보니 잠깐 동안의 비몽사몽간에 있었던 일이었습니다.

이런 응답을 받고 나니 하늘도 산도 새로워 보였습니다. 가슴은 감동으로 끓어오르고 눈에서는 눈물이 흘러내렸습니다. 하나님께서 미천한 종의 기도를 들으셨구나! 뿐만 아니라 그것도 백배로 들으셨다는 사실이 가슴속에 파도처럼 밀려오기 시작했습니다.

성경에 백배의 복을 받은 사람이 누구입니까?

이삭이 생각났습니다. 산골짜기에서 기도실로 내려온 그날 밤은 한잠도 자지 못하고 감격과 기쁨으로 말씀을 감동받아 적었습니다.

저는 하나님께서 백배의 복을 주실 것을 응답받고 산에서 내려왔습니다. 백배의 복이란 부족함이 없는 복이고, 완전한 복이고, 넘치는 복이고, 셀 수 없는 복이라는 뜻입니다.

비록 배고프고 고통스러웠지만 보람 있는 순간이었습니다.

"이삭이 그 땅에서 농사하여 그 해에 백배나 얻었고 여호와께서 복을 주시므로 그 사람이 창대하고 왕성하여 마침내 거부가 되었다"고 했습니다.

뿐만 아니라 양과 소가 떼를 이루고 종이 심히 많았다고 했습니다.

이삭이 백배의 복을 받아 거부가 되니 블레셋 족속 이방인들이 이삭을 시기하여 싸움을 걸어왔습니다.

그러나 이삭은 다투지 않고 자리를 옮겼습니다. 하나님은 자리를 옮길 때마다 그 자리에서 복을 받게 하셨습니다.

다른 사람이 실패한 자리지만 이삭이 들어가면 성공하는 자리로 바뀌었습니다. 다른 사람들이 버리고 떠난 자리지만 이삭이 들어가면 생수의 복이 터져 올랐습니다.

"여호와께서 우리를 위하여 넓게 하셨으니 이 땅에서 우리가 번성하리로다"(창 26:22)라고 했습니다.

뿐만 아니라 여호와께서 이삭에게 나타나셔서 "나는 네 아비 아브라함의 하나님이니 두려워하지 말라 내 종 아브라함을 위하여 내가 너와 함께 있어 네게 복을 주어 네 자손이 번성하게 하리라"(창 26:24)라고 말씀하셨습니다.

하나님께서는 이삭에게 물질과 번성의 복을 주셨을 뿐만 아니라 자손의 축복도 약속하셨습니다.

자식을 가진 부모의 한결같은 소망은 자녀들이 형통하고 잘되기를 바라는 것입니다.

부모는 모두 사랑하는 자식을 위한 눈물겨운 소원이 있습니다. 아버지 어머니는 세상을 살아오면서 괴롭고 서럽고 참담함을 뼈저리게 느꼈기 때문입니다.

부모는 배움이 없이 세상을 산다는 것이 얼마나 서럽고 답답한지를 알기 때문에 자식만은 공부를 열심히 해 주기를 바랍니다.

돈 없이 세상을 산다는 것이 얼마나 고통스러운지를 알기 때문에 자식만은 좋은 직장을 얻어서 복을 받기를 바라는 것이 부모의 간절한 마음입니다.

실패하고 죄짓고 병들어서 이 세상을 살아가는 것이 얼마나 참혹하고 괴로운지를 알고 있기 때문에 부모는 내 자식만큼은 하나님의 복을 받아 행복하게 살아가기를 목메어 기도합니다.

하나님은 이삭의 삶 속에 백배의 복을 주셨습니다. 이삭은 창대하여 거부가 되었습니다.

하나님께서 이삭에게 백배의 복을 주신 이유는 무엇입니까?

이삭은 하나님의 약속된 자녀입니다

하나님께서 아브라함을 부르시고 민족을 이루실 것이라고 말씀하셨습니다. 아브라함은 하나님의 약속을 받은 지 25년 만에 이삭을 낳았습니다. 이삭은 아브라함의 믿음과 길고 긴 기다림 속에서 하나님께서 보내주신 약속된 외아들이었습니다.

이삭은 태어나기 전부터 하나님의 약속된 자녀이고 하나님의 기업을 유업으로 이어갈 선택받은 사람이었습니다.

"기록된 바 아브라함에게 두 아들이 있으니 하나는 여종에게서, 하나는 자유 있는 여자에게서 났다 하였으며 여종에게서는 육체를 따라 났고 자유 있는 여자에게서는 약속으로 말미암았느니라"(갈 4:22-23)

그러면 오늘의 시대에는 누가 이삭과 같이 하나님의 약속된 자녀입니까?

갈라디아서 3장 29절에 "너희가 그리스도의 것이면 곧 아브라함의 자손이요 약속대로 유업을 이을 자니라"라고 했습니다.

그리스도께 속한 자는 아브라함의 자손이고 약속대로 유업을 이을 자라는 말씀입니다.

예수님을 그리스도로 믿어 구원을 받아 하나님의 자녀가 된 성도들은 모두 하나님의 약속된 자녀이고 선택된 자녀입니다.

"예수께서 그리스도이심을 믿는 자마다 하나님께로부터 난 자"(요일 5:1)라고 했습니다.

하나님의 약속된 자녀는 예수님께서 나를 위하여 십자가에 달려 피 흘리시고 죽으셨다가 부활하신 것을 믿는 사람입니다.

그렇다면 여러분은 모두 이삭처럼 하나님의 약속된 자녀이고 선택된 사람이고 하나님께로서 난 자이고 백배의 복을 받을 사람입니다.

바울 사도는 "형제들아 너희는 이삭과 같이 약속의 자녀라"(갈 4:28)라고 외쳤습니다.

여러분은 모두 이삭과 같이 약속의 자녀입니다. 육체로부터 난 망할 자가 아니라 성령으로부터 난 하나님의 자녀입니다. 예수님을 구주로 믿어 하나님의 약속의 자녀가 된 사람에게 하나님께서는 백배의 복을 주십니다.

이삭은 순종하는 사람입니다

하나님께서는 반항하는 사람을 축복하시는 것이 아니라 순종의 사람을 축복하십니다.

한번은 하나님이 아브라함을 부르셔서 외아들 이삭을 모리아 산에 올라가 번제물로 드리라고 하십니다. 그 당시 제단의 번제물은 양이나 송아지나 염소인데, 하나님께서는 사랑하는 아들 이삭을 번제물로 드리라고 말씀하십니다. 아브라함은 하나님의 말씀 그대로 순종합니다.

순종이란 자신의 뜻이나 생각에 맞든 안 맞든 말씀 그대로 행동하고 실천에 옮기는 결단입니다.

아브라함은 이삭을 데리고 모리아 산으로 사흘 길을 걸어 올라갔습니다. 눈에 넣어도 아프지 않을 자식을 칼로 죽이고 불에 태워 번제를 드리기 위해서 모리아 산으로 올라가는 아브라함의 가슴은 찢어졌습니다.

눈에서 흘러내리는 피눈물은 걸음걸음을 적셨습니다. 모리아 산 정상에 올라와 제단을 준비한 아브라함은 이삭을 품에 안고 흐느껴 울기 시작합니다. 그리고 죽어서 불에 태워져야 할 아들의 얼굴을 어루만지면서 아들의 귀에 대고 몇 마디를 묻습니다.

"사랑하는 아들 이삭아, 네가 하나님을 사랑하느냐?"

"예, 아버님!"

"내 아들 이삭아, 이 아비가 너를 사랑하는 것을 믿느냐?"

"예, 아버님!"

"아들아, 이 아비가 너에게 무슨 말을 하고 무슨 행동을 하든 너를 사랑하기 때문에 그러는 줄 믿겠느냐?"

이삭은 아버지의 품에서 눈물로 범벅이 되어 "예" 하고 대답합니다.

"아들 이삭아, 저 제단 위에 누워라. 하나님이 너를 원하신다."

이삭은 두말없이 뚜벅뚜벅 제단 위에 가서 누웠습니다. 아브라함은 품에 있는 칼을 높이 들어 사랑하는 자식의 심장을 겨누어 내려치려고 했습니다.

그 순간이었습니다. 하나님께서는 아브라함을 다급하게 두 번이나 부르셨습니다.

"네 아들 이삭에게 손을 대지 말라 내가 이제야 네가 하나님을 진심으로 경외하는 줄을 알겠노라 내가 너와 네 자손에게 큰 복을 주어 번성하게 하리라"(창 22:12, 17)

이삭은 죽기까지 순종했습니다.

진정한 효자는 부모님께서 무슨 말씀을 하시든지 나를 사랑하기 때문에 하시는 말씀으로 받아들입니다.

진정한 성도는 무슨 말씀이든지 나를 복되게 하는 말씀으로 믿어야 합니다. 주일을 지키라고 하는 것도 죽기까지 봉사를 하라는 것도 모두 내가 잘되기를 바라는 말씀, 나를 사랑해서 복을 받으라는 말씀으로 믿어야 합니다. 무슨 말씀이든 사랑의 말씀으로 받아 그대로 순종할 때 하나님께서는 백배의 복을 부어 주십니다.

이삭은 예수 그리스도의 모형을 보여줍니다

하나님의 최대 목적은 이 세상에 구원자 예수님을 보내주시는 것이었습니다. 구약의 인물 중에 이삭만큼 예수님의 모형을 보여준 인물도 없습니다.

이삭은 그의 탄생이 미리 예언됨으로써 예수님의 모형을 보여주었습니다. 이삭은 초자연적인 출생으로 예수님의 모형을 보여주었습니다. 이삭은 언약의 유일한 독생자로서 예수님의 모형을 보여주었습니다.

70

이삭의 생애가 중요한 것은 예수님의 모형을 보여주고 있기 때문입니다.

우리가 살아가는 이 시대에도 하나님께서 중요하게 여기는 인물들이 있습니다. 그들은 예수님의 모습을 보여주는 사람들입니다. 예수님의 마음을 품어 예수님의 가르침과 교훈을 따라 살아가는 사람들입니다.

하나님께서 교회를 결코 포기하지 않으시고 붙드시고 있는 까닭은 세상에서 교회만이 예수님을 드러낼 수 있는 유일한 기관이기 때문입니다.

하나님께서는 오늘도 예수님의 모습을 보여주는 교회에는 성령을 주시고 백배로 복을 부어 주십니다. 하나님께서 최고로 귀히 여기는 사람은 예수님을 본받아 예수님의 삶을 실천하는 성도입니다.

5만 번의 기도 응답을 받은 조지 밀러의 생애를 다시 한 번 읽어보았습니다.

조지 밀러는 예수님처럼 살기를 소원했습니다. 오직 하나님만을 생각하며 살았고 불쌍하고 외로운 고아들에게 복음을 전하며 이들을 입혀주고 먹여주기 위해서 살았습니다.

예수님처럼 살기를 소원한 밀러 목사는 기도하는 대로 몽땅 응답을 받았습니다. 자신을 위해서 살지 않고 오직 하나님을 위해서 살았고 이웃을 위해서 살았기 때문입니다.

저는 이렇게 기도했습니다.

"주님! 제가 어떻게 목회를 해야 하겠습니까? 시대는 변화되고 사람들의 마음은 분주해지고 세상은 점점 더 악해져 가는데 무엇을 가지고 목회를 해야 하겠습니까?"

기도하는 중에 "내 모습을 보여주어라. 그리하면 그들이 너를 따라오리라"는 성령의 감동을 받았습니다. 목회는 예수님의 모습을 보여주는 것이라는 것을 깨달았습니다.

예수님의 모형을 보여주었던 이삭에게는 백배의 복을 주셨습니다.

하나님께서 백배의 복을 부어 주시는 사람은 누구입니까?

예수님을 주님으로 믿어 구원받은 하나님의 약속된 자녀입니다.

무슨 말씀이든지 하나님께서 주시는 말씀은 나를 사랑하여 잘되게 하시려는 말씀으로 믿고 그대로 순종하는 사람입니다.

그리고 세상 속에서 예수님의 모습을 삶으로 보여주며 살아가는 사람입니다.

6장

내리막길에서 만난 예수님

먼저 말씀을 읽고 묵상하십시오.

누가복음 7장 11-17절

11. 그 후에 예수께서 나인이란 성으로 가실새 제자와 많은 무리가 동행하더니

12. 성문에 가까이 이르실 때에 사람들이 한 죽은 자를 메고 나오니 이는 한 어머니의 독자요 그의 어머니는 과부라 그 성의 많은 사람도 그와 함께 나오거늘

13. 주께서 과부를 보시고 불쌍히 여기사 울지 말라 하시고

14. 가까이 가서 그 관에 손을 대시니 멘 자들이 서는지라 예수께서 이르시되 청년아 내가 네게 말하노니 일어나라 하시매

15. 죽었던 자가 일어나 앉고 말도 하거늘 예수께서 그를 어머니에게 주시니

16. 모든 사람이 두려워하며 하나님께 영광을 돌려 이르되 큰 선지자가 우리 가운데 일어나셨다 하고 또 하나님께서 자기 백성을 돌보셨다 하더라

17. 예수께 대한 이 소문이 온 유대와 사방에 두루 퍼지니라

인간에게 가장 침통하고 슬픈 단어가 하나 있다면 아마도 죽음이라는 말일 것입니다. 더욱이 사랑하는 사람의 죽음은 통곡을 해도 가시지 않는 한이 더해갈 뿐입니다.

일찍이 홀로 된 한 여인이 살고 있었습니다. 행복을 꿈꾸며 시작한 결혼이었지만 어쩐 일인지 마음대로 되지 않았습니다. 사랑하는 남편은 자식 하나만을 남겨 놓은 채 무엇이 그렇게도 급한지 일찍 세상을 떠났습니다.

거칠고 험한 세상에서 연약한 여인이 홀로 사는 것은 그리 쉬운 일이 아니었습니다. 몇 번이고 삶을 포기하고 싶은 순간이 있었지만 아무것도 모르고 옹알이하는 어린 자식 때문에 그래도 살아야 한다며 마음을 가다듬었습니다.

어느덧 세월이 흘러 까마득하게만 보이던 어린 자식이 제법 장성하여 홀로 된 어미를 걱정하는 효자가 되었습니다.

말로 다 못할 외로움과 고생의 세월을 살아왔지만 자식을 바라볼 때마다 '헛된 인생은 아니었구나!' 하며 위로를 받곤 했습니다.

하나뿐인 자식이 대견스러웠습니다. 제 아비를 쏙 빼어 닮은 아들을 보고 있으면 가슴 저미는 추억이 아련했습니다.

하나뿐인 아들은 기쁨이었고 보람이었습니다. 희망이었고 행복이었습니다.

그러나 때로는 인간의 운명이란 얼마나 몰인정하고 비정합니까? 이 여인의 마지막 남은 행복마저도 빼앗아 버리고 말았습니다.

어느 날 이름 모를 질병에 시름시름 앓다가 그렇게 건강하고 마음 착한 아들이 세상을 떠난 것입니다.

가슴이 무너져 내렸습니다. 세상이 캄캄해졌습니다. 멍든 가슴에 맺힌 슬픔은 통곡으로도 풀어낼 수가 없었습니다.

울어도 울어도 슬픔은 씻겨지지 않았습니다. 세상살이가 다 그렇고 그런 거라고 해도 이것은 아니었습니다. 어찌 이럴 수가 있단 말인가?

남편 죽어 뒷산에 묻고 자식 죽어 가슴에 묻은 이 여인의 통곡은 피눈물이 되어 흘렀습니다.

살아있는 자가 죽은 자에게 할 수 있는 일은 오직 한 가지뿐이었습니다. 그것은 장례를 치러 주는 일이었습니다. 예나 지금이나 앞으로

도 산 자가 죽은 자에게 할 수 있는 일이란 땅을 파고 눈물과 함께 묻어주는 일 외에 다른 일이 무엇이 있겠습니까?

동네 사람들은 죽은 청년을 관에 넣어 상여에 싣고 마을 밖으로 나가고 있었습니다. 자식 잃은 어미는 고개를 들지도 못한 채 무덤으로 가는 아들의 마지막 길을 피눈물로 적시고 있었습니다.

울긋불긋 상여 껍데기는 오색찬란하지만 그러나 그 안에는 주검이 있고 주검이 가는 길은 절망의 길이요 눈물과 탄식의 행렬이었습니다.

이때 저 아래쪽에서 한 무리가 올라오고 있었습니다. 이들은 세상 지위가 대단한 사람들이 아니었습니다. 그렇다고 지식이 뛰어난 사람들도 아니었습니다. 세상의 변두리에서 하루하루 살다가 때가 되면 사라져버릴 주변 인생들이었습니다.

그런데 이들은 생기가 있었습니다. 눈빛이 달랐습니다. 희망이 가득했습니다.

자신감이 있었습니다. 확신이 있었습니다. 용기가 충만했습니다. 부러운 것이 없었습니다. 만족했습니다. 두려움이 없었습니다. 평화가 있었습니다. 얼굴에 웃음이 가득했습니다. 행복한 사람들이었습니다.

이들의 중심에는 예수님이 계셨습니다. 한 무리가 예수님과 함께 올라오고 있었습니다.

죽은 아들을 장사 지내려고 무덤으로 내려가는 통곡의 행렬과, 예수님과 함께 희망을 안고 올라오는 생명의 무리들이 만나게 되었습니다.

예수님은 무덤을 향해 내려가는 죽음의 행렬을 멈추게 하셨습니다. 그리고 죽은 아들의 관뚜껑을 어루만지며 통곡하는 여인에게 말씀하셨습니다.

"여인아 울지 마라. 여인아 울지 마라."

예수님은 슬퍼서 울고 답답해서 울고 서러워서 우는 여인의 눈물을 씻겨주고 싶으셨습니다.

예수님은 관뚜껑을 열라고 하셨습니다. 그리고 죽어 땅에 묻힐 청년을 향해 말씀하셨습니다.

"청년아, 내가 네게 말하노니 일어나라."

예수님의 말씀이 떨어지자마자 죽은 청년이 꿈틀꿈틀 움직이기 시작했습니다. 그리고 벌떡 일어났습니다. 죽은 청년은 일어나 앉고 말도 했습니다.

다시 살아난 청년은 어미의 품에 안겨 또 한 번 통곡의 바다를 이루었습니다.

이 눈물은 비통한 눈물이 아니라 다시 살아난 감격의 눈물이요 생명의 눈물이요 다시 만난 기쁨의 눈물이었습니다.

이 광경을 지켜보고 있던 많은 사람들이 하나님께 큰 영광을 돌리며 하나님께서 자기 백성을 돌보셨다고 춤을 추면서 감격했습니다.

이 세상에는 두 행렬이 있습니다.

하나는 목놓아 울며 내려가는 죽음의 행렬입니다. 또 다른 하나는 기뻐 노래하며 올라가는 생명의 행렬입니다.

이 두 행렬이 만났습니다. 생명이 죽음을 삼켜버렸습니다. 기쁨이 슬픔을 삼켜버렸습니다. 빛이 어둠을 삼켜버렸습니다.

생명이 승리합니다. 기쁨이 충만합니다. 예수님만이 최후의 승리자로 서게 합니다.

걱정하지 마십시오. 비록 보기에 초라하고 세상 주변에서 서성거리는 인생이라 해도 예수님과 함께하는 인생길이라면 잘되는 길이고, 기쁨의 무리이고, 소망과 승리의 길입니다.

그러나 겉모양은 상여 껍데기처럼 찬란하고 호화스럽다 해도 그 속에 썩어가는 송장이 누워 있어 무덤을 향해 내려가는 죽음의 길이라면 여기에 절망이 있고 슬픔이 있습니다. 그 길은 멸망의 길입니다.

우리는 모두 죽음을 안고 무덤으로 내려가던 자들이었습니다. 슬픔과 눈물의 행렬이었습니다. 그런데 죽음을 안고 내려가던 인생의 길목에 예수님께서 오셔서 그때 그 시간에 우리 한 사람 한 사람을 만나주셨습니다.

그리고 살려주셨습니다. 눈물을 씻어주셨습니다. 절망을 소망으로 바꾸어주셨습니다. 슬픔을 기쁨으로 바꾸어주셨습니다.

지옥으로 내려가던 사람들이 예수님과 함께 천국을 향하여 올라가는 행렬로 바꾸어졌습니다. 이것이 성도의 삶입니다. 이것이 교회입니다.

예수님이 누구십니까? 예수님이 누구시기에 우리를 살려주신 것입니까?

예수님은 우리를 불쌍히 여기십니다

"주께서 과부를 보시고 불쌍히 여기사"(눅 7:13)라고 했습니다.

불쌍히 여긴다는 말은 '스프랑크니조마이'라는 말인데 이 말은 '창자까지 뒤틀려지는 것'을 뜻하는 말입니다.

하나뿐인 자식의 죽음을 피눈물로 통곡하며 목이 메어 내려가는 여인을 예수님은 창자까지 뒤틀리는 아픔으로 긍휼히 여기셨습니다.

예수님께서는 여러분과 저를 보실 때 창자까지 뒤틀리는 안타까움으로 불쌍히 여기시고 사랑해 주십니다. 예수님께서는 지금도 영생을 얻지 못하고 죽음을 안고 무덤으로 내려가는 무리를 보실 때 창자가 뒤틀리는 아픔으로 불쌍히 여기십니다.

예수님의 이 사랑은 십자가에 달려 죽으심으로 죄와 죽음을 안고 지옥으로 내려가던 우리를 구원하셨습니다.

로마서 5장 8절에 "우리가 아직 죄인되었을 때에 그리스도께서 우리를 위하여 죽으심으로 하나님께서 우리에 대한 자기의 사랑을 확증하셨느니라"라고 했습니다.

예수님께서 우리를 불쌍히 여기셨기에 우리가 그 은혜로 구원을 받았습니다.

예수님께서 창자가 뒤틀리는 아픔으로 불쌍히 여겨주셨기에 죄 많고 허물 많은 사람들이지만 천국 백성이 되었습니다.

그러면 우리는 어떻게 해야 하겠습니까?

예수님의 권세에 복종해야 합니다

"가까이 가서 그 관에 손을 대시니 멘 자들이 서는지라"(눅 7:14)라고 했습니다. 예수님은 장례 행렬을 멈추라고 하셨습니다. 가던 길을 멈추어야 합니다.

그리고 거추장스러운 상여 껍데기를 걷어치워야 합니다. 나를 둘러싸고 있는 명함, 지식, 신분, 위선 등을 모두 걷어치워야 합니다.

내 속 깊은 곳에 울고 있는 내가 있지 않습니까?
내 속 깊은 곳에 죄와 죽음이 자리 잡고 있지 않습니까?

예수님을 만나려면 지위, 자존심, 허울 좋은 껍데기들을 다 걷어치워야 합니다. 그리고 관뚜껑을 열어야 합니다. 죽음은 흉측합니다. 썩어서 냄새가 납니다.

부끄럽지만 예수님에게만은 속 깊은 것까지 다 드러내야 합니다. 수치스럽지만 관뚜껑을 열어야 합니다. 예수님은 이미 다 알고 계십니다. 숨기려 해서는 안 됩니다. 예수님 앞에서는 무슨 사연이든 무슨 죄악이든 다 드러내 놓으면 묻지 않으시고 용서해 주십니다.

그리고 말씀하십니다.

"청년아 내가 네게 말하노니 일어나라."

예수님의 말씀이 능력으로 임합니다.

예수님의 말씀이 생명으로 임합니다.

죽은 영혼이 살아납니다.

죽은 생명이 다시 살아납니다.

예수님은 죽은 자를 다시 살려주시는 분입니다.

소망 없는 삶을 다시 희망으로 바꾸어주십니다.

내리막길로 달려가던 눈물의 사람을 다시 되돌려 올라가게 하십니다.

걱정하지 마십시오.

안심하십시오.

감사하십시오.

죄와 죽음을 안고 무덤의 내리막길로 가던 나를 예수님이 오셔서 만나주셨습니다.

내 삶이 내리막길이라고 생각될 때가 있습니다. 사업이 내리막길이라고 절망할 때가 있습니다. 그러나 내리막길에서 예수님을 만날 수 있습니다.

예수님은 창자가 뒤틀리는 아픈 마음으로 여러분과 저를 불쌍히 여기십니다. 그리고 다시 살려주십니다. 예수님만이 생명의 주인이십니다.

지금도 "울지 마라", "울지 마라"고 말씀하십니다.

7 장

내 눈물을 노래로 바꾸련다

먼저 말씀을 읽고 묵상하십시오.

시편 107편 1-9절

1. 여호와께 감사하라 그는 선하시며 그 인자하심이 영원함이로다
2. 여호와의 속량을 받은 자들은 이같이 말할지어다 여호와께서 대적의 손에서 그들을 속량하사
3. 동서 남북 각 지방에서부터 모으셨도다
4. 그들이 광야 사막 길에서 방황하며 거주할 성읍을 찾지 못하고
5. 주리고 목이 말라 그들의 영혼이 그들 안에서 피곤하였도다
6. 이에 그들이 근심 중에 여호와께 부르짖으매 그들의 고통에서 건지시고
7. 또 바른 길로 인도하사 거주할 성읍에 이르게 하셨도다
8. 여호와의 인자하심과 인생에게 행하신 기적으로 말미암아 그를 찬송할지로다
9. 그가 사모하는 영혼에게 만족을 주시며 주린 영혼에게 좋은 것으로 채워주심이로다

병자호란 때 많은 부녀자들이 청나라에 볼모로 잡혀가 온갖 수모를 겪었습니다. 그러다가 난이 끝난 후 다시 고국으로 돌아오게 되었습니다. 다시 돌아오는 기쁨과 감격이 얼마나 컸겠습니까?

그러나 기쁨도 잠시였습니다. 여인들은 큰 근심에 쌓이게 되었습니다. 그 이유는 그들이 청나라에 가서 정조를 잃고 몸이 더럽혀졌을 것이라는 의심 때문이었습니다. 여인들은 고국 땅으로 돌아오기는 하겠지만 가족들을 만날 수가 없었습니다.

부끄럽습니다. 죄책감이 짓누릅니다. 버린 몸이라 생각하여 얼굴을 들 수가 없습니다. 꿈에도 그리던 고국에 돌아오다가 스스로 목숨을 끊는 여인이 점차 늘어났습니다.

이때 조정에서 여인들을 구할 방법을 찾았습니다. 청나라에서 돌아오는 부녀자들이 홍제원 냇물에서 몸을 씻으면 과거를 청산케 하자는 것이었습니다. 그래서 청나라에 잡혀갔던 여인들은 홍제원 냇물에서 몸을 씻기만 하면 이전처럼 깨끗한 몸이 되어 가족의 품으로 돌아갈 수 있게 되었습니다.

이 여인들이 얼마나 좋았겠습니까? 살길이 열렸습니다. 슬픔이 변하여 기쁨이 되었습니다. 눈물이 변하여 노래가 되었습니다. 홍제원 냇물에서 몸을 씻기만 하면 과거가 깨끗이 청산되었습니다. 새사람이 되었습니다.

시편 107편 말씀은 하나님의 선택을 받은 이스라엘 백성들이 죄를 범하여 바벨론 포로로 끌려갔다가 70년 만에 그리워 눈물짓던 고국에 돌아오며 부르는 노래였습니다.

힘이 없고 능력이 없어 이리저리 끌려 다니며 눈물의 세월을 보냈던 가련한 백성들은 하나님의 구원으로 감사의 노래를 부르고 있습니다.

주리고 목말라 신음하며 광야를 떠돌던 나그네들은 "여호와께 감사하라 그는 선하시며 그 인자하심이 영원함이로다" 하고 감격의 노래를 부르고 있습니다.

진정한 감사의 노래는 고난받던 백성들의 입술에서 터져 나왔습니다. 찬양과 영광의 찬송은 갈 바를 알지 못하고 떠돌아다니던 삭막한 광야의 나그네에게서 울려 나왔습니다.

오늘도 하나님께 진정으로 드리는 감사의 노래는 배부르고 등 따스운 사람들의 입에서 불려지는 것이 아니라 어디로 가야 할지, 무엇을 해야 할지, 어떻게 해야 할지 답답했던 사람들의 입에서 불려지고 있습니다.

죽을병에 들려 사선의 언덕에 올랐던 사람만이 살아있는 것만으로도 감사한 일이라고 생명을 고마워합니다. 주리고 목말라 혀가 입천장에 눌어붙었던 사람만이 한 모금의 생수에 감사할 수가 있습니다.

비가 오고 바람이 불어도 오갈 데 없이 남의 집 처마 밑에 서성거리던 사람은 비바람 막아줄 방 한 칸이 그렇게 고마울 수가 없습니다.

탄식과 눈물을 감사의 노래로 바꾸어 불렀던 저 광야의 나그네들은 무엇을 그렇게도 감사하고 있습니까?

속량받은 것을 감사하고 있습니다

"여호와의 속량을 받은 자들은 이같이 말할지어다 여호와께서 대적의 손에서 그들을 속량하사 동서남북 각 지방에서부터 모으셨도다"(시 107:2-3)

죄를 지었기에 끌려갔습니다. 짓밟히고 깨지고 부서지는 걷잡을 수 없는 고통은 죗값이었습니다. 죄를 범하면 죽어야 합니다. 죄를 범하는 자는 망하는 것이 하나님의 뜻입니다.

죄인이 잘되기를 바라서는 안 됩니다. 불의한 자가 성공하려고 하면 안 됩니다. 죄를 범한 유대백성들은 바벨론 포로로 끌려가 죗값을 받아야 합니다.

그 죗값은 죽음이었습니다.

그런데 하나님께서 건져 주셨습니다. 죄의 풀무불에서 속량하여 주셨습니다. 죄를 더 이상 묻지 않으셨습니다. 죄를 용서하여 주셨습니다. 속량함을 받은 자가 되었습니다. 이사야 1장 18절에 "너희 죄가 주홍 같을지라도 눈과 같이 희어질 것이요 진홍같이 붉을지라도 양털같이 희게 되리라"고 했습니다.

하나님께서 지상 역사 속에 예수 그리스도를 보내주신 것은 죄를 속량하여 주시기 위함입니다. 예수님께서 십자가에 달려 피 흘리시며 고통 속에 죽으신 것은 죄를 용서하여 주시기 위함입니다.

이제는 누구든 어떤 죄를 범하였든지 십자가에서 흐르는 보혈에 씻으면 죄를 한 번도 짓지 않은 사람처럼 깨끗해지는 은혜를 받습니다.

히브리서 9장 22절에 "모든 물건이 피로써 정결하게 되나니 피 흘림이 없은즉 사함이 없느니라"라고 했습니다.

요한일서 1장 7절에 "그 아들 예수의 피가 우리를 모든 죄에서 깨끗하게 하실 것이요"라고 했습니다.

청나라에서 죄인으로 돌아오던 여인들이 홍제원 냇가에서 몸을 씻기만 하면 깨끗해진 것처럼 죄와 허물로 더러워진 우리는 십자가에서 흘러내리는 보혈로 인해서 깨끗해지는 은혜를 받습니다.

그리스도인의 진정한 감사는 예수님의 보혈로 죄 씻음 받고 구원함을 받았다는 사실에 있습니다. 나의 죄를 속량하여 주신 주님의 은혜와 사랑이 고맙고 감사한 것입니다.

인도해 주신 것에 감사합니다

시편 107편 7-8절에 "또 바른 길로 인도하사 거주할 성읍에 이르게 하셨도다 여호와의 인자하심과 인생에게 행하신 기적으로 말미암아 그를 찬송할지로다"라고 했습니다.

광야란 길이 없는 곳입니다. 광야는 주리고 목마르고 고단한 곳입니다.

"그들이 광야 사막 길에서 방황하며 거주할 성읍을 찾지 못하고 주리고 목이 말라 그들의 영혼이 그들 안에서 피곤하였도다"(시 107:4-5)라고 했습니다.

우리가 살아가는 이 세상은 고단한 광야와 같습니다. 우리는 광야 같은 세상을 여기까지 살아왔습니다.

직장이 불안했고 사업이 흔들렸습니다. 길이 보이지 않았기에 방황했습니다. 어떻게 해야 살길이 열리는지 알 수가 없었기에 불안했습니다.

지식이 모자라서도 아니고 지혜가 없어서도 아닙니다. 그 누구의 도움으로도 이 세상에서는 승리를 보장받을 수가 없었습니다.

잘되려고 한 일이 망하기도 하고, 성공인 줄 알고 좋아했는데 실패였습니다.

의를 말하면서도 불의한 길을 갔고, 은혜를 말하면서도 여전히 원망했습니다.

내가 생각하고 살아온 것을 보면 망했어야 할 사람인데 이렇게 살아서 복을 누리고 있습니다. 이게 무슨 조화입니까?

알고 보니 하나님께서 인도하여 주셨습니다. 사고도 많았고 질병도 많았습니다. 죄 짓는 순간도 있었고 주님의 영광을 가리는 일도 많았습니다. 그런데 죽지 않고 여기까지 이렇게 살아왔습니다. 이유가 무엇입니까? 하나님께서 인도하여 주셨기 때문입니다.

출애굽기 13장 21절에 "여호와께서 그들 앞에서 가시며 낮에는 구름기둥으로 그들의 길을 인도하시고 밤에는 불기둥을 그들에게 비추사 낮이나 밤이나 진행하게 하시니 낮에는 구름기둥, 밤에는 불기둥이 백성 앞에서 떠나지 아니하니라"라고 했습니다.

여기까지 살아온 것은 내 능력, 내 힘으로 살아온 것이 아닙니다. 하나님께서 인도하여 주셨다는 사실을 잊지 말아야 합니다.

예수님께서는 죄인들을 용서하시고 하늘나라로 인도하여 주시기 위해서 오셨다고 말씀하셨습니다.

"나로 말미암지 않고는 아버지께로 올 자가 없느니라"(요 14:6)

지금도 우리 마음속에 오셔서 믿음을 주시는 성령님께서도 우리의 삶을 순간순간 인도하여 주신다고 했습니다.

"무릇 하나님의 영으로 인도함을 받는 사람은 곧 하나님의 아들이라"(롬 8:14)

말씀을 들을 때 갈 길을 인도하여 주십니다. 기도할 때 성령님께서 감동과 깨우침으로 인도하여 주십니다. 환경을 통해서 인도하여 주시기도 하고 사람을 만남으로 인생의 방향을 돌려놓기도 하십니다.

미국인 앨런이 월남전에 참전하여 전투 중에 폭탄을 맞았습니다. 두 팔, 두 다리가 떨어져 나갔습니다. 그리고 두 눈도 빠져버렸습니다.

병원에 입원한 그는 이런 몸으로 살아서 무엇 하겠느냐는 생각이 들어 자살을 결심했습니다. 힘을 주어 침대에서 떨어져보기도 하고 혀를 깨물어 피를 내보기도 했지만 죽을 수가 없었습니다. 죽고 싶어도 죽을 수 없는 인간이었습니다.

앨런은 울면서 하나님께 부르짖어 기도했습니다.

"하나님! 제가 살아서 무엇을 하겠습니까?"

이때 하나님의 음성이 들려왔습니다.

"왜 죽으려고 하느냐?"

"저는 모든 것을 잃었습니다."

"무엇을 잃었느냐?"

"두 팔, 두 다리, 두 눈 모든 것을 잃었습니다."

하나님은 물으셨습니다.

"귀는 있느냐?"

"네, 있습니다."

"머리는 있느냐?"

"네, 있습니다."

"입과 코는 있느냐?"

"네, 있습니다."

앨런은 없어진 것보다 아직도 남은 것이 있음을 알았습니다. 그리고 기도했습니다.

"주님! 그러면 저를 어떻게 쓰시렵니까?"

"나는 너를 복음의 증인으로 쓰고 싶다. 신학을 공부해라."

그는 잘려진 팔뚝으로 점자를 배웠으나 일 년 동안 겨우 세 글자를 배울 수 있었습니다. 그는 다시 혀끝으로 점자를 배우기 시작했습니다.

앨런은 피눈물 나는 노력 끝에 신학 공부를 끝까지 하게 되었습니다.

그는 신학 공부를 마치고 선교사가 되어 중국으로 건너갔습니다. 그는 이렇게 말했습니다.

"두 다리가 없기에 내 마음대로 갈 수가 없습니다. 두 팔이 없기에 내 마음대로 일할 수가 없습니다. 두 눈이 없기에 내 마음대로 볼 수가 없습니다. 오직 하나님께서 인도하시는 대로 갈 뿐입니다."

오늘도 하나님의 속량하시고 인도하시는 은혜는 슬픈 눈물을 감사의 노래로 바꾸어 부르도록 축복하십니다.

버리고 비우고 내려온 길

먼저 말씀을 읽고 묵상하십시오.

빌립보서 2장 5-8절

5. 너희 안에 이 마음을 품으라 곧 그리스도 예수의 마음이니

6. 그는 근본 하나님의 본체시나 하나님과 동등됨을 취할 것으로 여기지 아니
   하시고

7. 오히려 자기를 비워 종의 형체를 가지사 사람들과 같이 되셨고

8. 사람의 모양으로 나타나사 자기를 낮추시고 죽기까지 복종하셨으니 곧 십자
   가에 죽으심이라

어느 정신병원에서 있었던 일입니다.

의사가 환자의 이름을 불렀습니다. 그런데 환자는 대답을 하지 않았습니다.

의사가 "왜 이름을 부르는데도 대답하지 않습니까?"라고 묻자 환자는 "이제부터 나를 나폴레옹 장군으로 불러라"라고 했습니다.

의사가 다시 물었습니다.

"누가 당신 이름을 나폴레옹으로 바꾸어 부르라고 했습니까?"

환자는 이렇게 대답했습니다.

"지난밤에 하나님이 나를 나폴레옹 황제로 임명했다."

이 말을 듣고 있던 다른 정신병 환자가 벌떡 일어나서 이렇게 말했습니다.

"내가 언제 너를 나폴레옹으로 임명해 주었더냐?"

결국 자기가 하나님이라는 것이지요.

인간은 모두 왕이 되고 싶어 합니다. 나폴레옹이 되고 싶어 하고 하나님이 되고 싶어 합니다. 사실 인간이 제일 처음에 지은 죄의 원인을 창세기 3장에서 찾아볼 수 있습니다. "하나님처럼 될 수 있다"는 사탄의 유혹에 빠져서 선악과를 따먹고 에덴동산에서 쫓겨났습니다.

인간은 특히 다른 사람을 지배하고 다스리는 것을 좋아합니다. 뿐만 아니라 인류는 언제부터인가 왕을 기다려 왔습니다. 죄악이 없게 해주고 고통을 풀어주며 전쟁을 몰아내는 평화의 왕을 기다려 왔습니다.

신약 성경에서 '아버지'라는 말은 '파테르'인데, 이 말은 '왕'이라는 뜻도 있습니다.

아들을 사랑해주고 돌보는 아버지 같은 자비의 왕!

이 왕을 기다려 온 것이 인류의 기다림이기도 했습니다.

지금까지도 유대인들은 메시아를 기다리고 있습니다. 위대한 왕이 오셔서 세상의 가난과 모든 슬픔으로부터 구원하여 주기를 기다리고 있습니다.

불교에서도 중생을 구원할 미륵보살이라는 인류의 부처인 왕을 기다립니다. 또한 도교에서도 정감록에 쓰여 있는 정도령이라는 바른 도를 깨달은 왕이 와야 세상이 바르게 잡히고 새로운 세상이 된다고 합니다.

잘못된 사교 집단의 공통적인 특징은 바로 교주 자신이 모두 특별한 왕의 모습으로 위장하여 거짓과 추한 짓을 서슴지 않는다는 것입니다.

왕을 기다리는 마음!

죄와 슬픔의 땅에 살아가는 인류의 소망은 언제나 이 땅에 구원과 희망을 가지고 언젠가는 반드시 올 것이라는 그 아버지 같은 왕을 기다리는 기다림에 있습니다.

그러나 이제는 왕을 기다려도 오지 않습니다. 미륵보살도 정도령도 오지 않습니다. 메시아도 오지 않습니다.

왜냐하면 지금으로부터 2천 년 전 이스라엘 나사렛 땅에 인류가 기다렸던 그 왕께서 이미 오셨기 때문입니다. 인류가 학수고대하며 기다렸던 왕의 이름은 '예수'였습니다.

이제 우리는 구원과 희망을 가지고 오는 왕을 기다리는 자리에 살고 있는 것이 아닙니다. 오히려 이 땅에 찾아오신 우리의 왕이신 예수님을 인류의 왕으로 모시고 섬기며 왕의 뜻을 따라 살아야 하는 왕의 백성이 된 자리에 있어야 합니다.

인류 역사 전체를 통틀어 위대한 성자도 있었고 왕도 많았지만 나를 죄와 인생의 절망에서 구원해주고 희망을 준 구주는 아니었습니다.

누구든지 예수님을 왕으로 만난 자는 예수님이 나의 주님, 나의 하나님이라는 위대한 신앙고백을 하지 않을 수가 없습니다.

예수님은 인간을 사랑하시고 사람을 구원하시기 위해서 하늘에서 특별한 방법으로 이 지상 역사 속에 들어오신 왕입니다.

예수님께서 본격적으로 왕의 역사를 시작하실 때 선포하신 말씀이 있습니다. 이 말씀은 예수님께서 왕으로서 시작하시는 취임사이기도 합니다.

"주의 성령이 내게 임하셨으니 이는 가난한 자에게 복음을 전하게 하시려고 내게 기름을 부으시고 나를 보내사 포로 된 자에게 자유를, 눈 먼 자에게 다시 보게 함을 전파하며 눌린 자를 자유롭게 하고 주의 은혜의 해를 전파하게 하려 하심이라"(눅 4:18-19)

참된 왕이란 차별이 없이 가난한 자에게 기쁨을 주어야 합니다. 포로 된 자들의 결박을 풀어 자유롭게 해 주어야 합니다. 눈이 멀어 보지 못하는 어두운 백성들에게 희망의 빛을 주어야 합니다. 악한 곳에서 억눌려 신음하고 고통받는 자들에게 평화를 주어야 합니다. 병들고 마음 아파하는 백성들을 치료해주어야 합니다. 하나님의 은혜를 받게 하여 가슴을 펴고 기쁨과 감사와 사랑의 노래를 부르게 해야 합니다. 정의와 평화가 넘치는 세상을 만들어주어야 합니다.

나의 왕, 인류의 참된 왕은 도대체 누구입니까?

그분은 바로 예수님이십니다.

예수님은 왕으로 오셨고 왕으로 사셨고 왕으로 죽으셨고 왕으로서 부활하셨습니다. 그리고 지금도 왕으로서 우리를 인도하고 계십니다.

전 세계에 많은 대통령과 왕이 있지만, 왕의 기준과 참된 사람의 모습은 예수님에게서 보아야 합니다.

예수님은 인간이 인간답게 되는 길이 무엇이며, 참된 사랑이 무엇이며, 참된 애국이 무엇이며, 인생의 진실이 무엇인지를 스스로의 삶과 역사로 보여주셨습니다.

예수님에 대해서 설명해주고 있는 말씀 가운데 빌립보서 2장 5절에서 8절은 매우 중요한 말씀입니다.

예수님께서 보여주신 참된 인간의 길, 참된 왕의 모습은 무엇입니까?

예수님은 버리고 내려오셨습니다

"그는 근본 하나님의 본체시나 하나님과 동등됨을 취할 것으로 여기지 아니하셨다"(빌 2:6)라고 했습니다.

예수님은 높은 곳에서 낮은 곳으로 내려오셨습니다. 높아지려고 오신 분이 아니라 괴롭고 슬픈 자들과 함께하려고 영광을 버리셨습니다. 다스리려고 오신 것이 아니라 섬기려고 오셨습니다. 남을 자기보다 낮게 여기는 겸손함으로 오셨습니다. 모른다고 무시하지 않으셨고 못 가졌다고 멸시하지 않으셨고 병들었다고 천대하지 않았습니다. 높은 사람에게 아부하지 않으시고 가진 자 앞에서 굽실거리지 않았습니다.

사실 인간은 인간의 왕이 될 수 없습니다. 인간은 인간이 다스릴 수가 없습니다. 인간은 인간을 지배할 수도 없고 지배를 받아서도 안 됩니다.

인간은 인간 나라의 왕이 될 수 있는 자격도 없습니다. 오직 인간에게 명령하고, 인간을 다스리고, 인간을 지배하는 분은 우주 안에 하나님 한 분밖에 없습니다.

구약 성경은 주로 이스라엘이라는 특정한 민족을 통해서 드러나신 하나님의 뜻과 역사를 기록한 말씀입니다. 이스라엘 백성이 애굽의 종살이에서 구원을 받아 가나안 땅에 들어갔을 때 왕을 세우지 않고 '사사'라는 하나님의 심부름꾼을 세워 하나님의 뜻을 전달했습니다.

그러나 이스라엘 백성들은 이방 민족의 인간 왕을 바라보고 사무엘 선지자에게 호소합니다.

우리도 인간 왕을 세워서 우리를 다스리게 해달라는 요청을 했습니다(삼상 8:6). 이스라엘의 왕은 하나님이신데, 하나님은 인간의 왕을 구하는 이스라엘 백성을 기뻐하지 않으셨지만 사무엘을 통하여 왕을 세우도록 하셨습니다.

그러나 인간을 왕으로 세우면 그 왕이 어떠한 짓을 서슴없이 자행할 것인지를 예언하셨습니다.

"인간을 왕으로 세우면 그 왕은 자신의 부귀와 영화를 위하여 가난한 백성들의 아들들을 데려다가 군대를 삼아 호위병을 삼을 것이며 자기 밭을 갈게 하고 추수를 하게 하여 많은 재물을 쌓아 둘 것이며 백성의 딸들을 데려다가 시종으로 삼아 요리를 만들게 할 것이며 가난한 백성들에게 많은 세금을 거둬들여 권력과 정권을 유지하는데 그 돈을 사용할 것이며 노비와 젊은이들을 끌고 가서 자기 일을 시킬 것이며 너희 백성들은 너희 손으로 세운 그 왕의 종이 될 것이라 그날에 너희가 택한 왕을 인하여 부르짖되 그 날에 여호와께서 너희에게 응답하지 아니하시리라"(삼상 8:11-18)

되지 못한 사람이 왕이 되면 자기의 욕망을 채우기 위하여 백성들을 착취하고 이용하고 오히려 고통을 줄 것이며 마지막에 백성들은 제 손으로 세운 왕 때문에 탄식할 것이라는 말씀입니다.

그러나 예수님은 하늘의 모든 영광을 버리셨습니다. 탐욕을 버리고 이기심을 버리는 자만이 왕의 자리에 오를 수 있습니다.

19세기 영국의 문인이며 사회비평가인 존 러스킨은 다음과 같은 말로 명예욕에 굶주린 인간의 정체를 폭로했습니다.

어떤 사람이 선장이 되기를 원한다고 할 때 그는 자기가 선장이 되면 배를 목적지까지 훌륭하게 이끌어갈 수 있다는 자신감이 있어서가 아니라, 단지 '아무개 선장'하고 남들이 불러주는 말이 듣고 싶어서 되고자 하는 것뿐이라고 했습니다.

우리 역사를 보더라도 이 왕의 자리 하나 때문에 숱한 사람들이 피를 흘리며 이 세상을 떠났습니다.

이성계가 군사 쿠데타로 이씨의 새로운 왕조를 건설하면서 고려 말의 최영, 정몽주 같은 위인을 죽였습니다.

또한 세종을 이어 문종이 즉위한 지 2년 만에 세상을 떠나자 단종이 열한 살의 나이에 왕위에 오르지만 수양대군은 어린 조카 단종을 살해합니다. 그리고 성삼문을 위시한 사육신을 모두 죽이고 왕의 자리를 차지하는 피의 역사를 만들었습니다.

왕이 되고 싶은 마음! 이 욕망 때문에 누구든지 기회만 주어지면 수단과 방법을 가리지 않고 그 자리를 차지하려고 합니다.

그러나 예수님은 스스로 하늘의 왕 자리를 버리셨습니다. 왕의 자리를 스스로 버릴 줄 아는 자만이 왕이 될 수 있습니다. 높은 자리를 버릴 줄 아는 자만이 높은 자리를 차지할 수 있습니다. 왕의 자리에서 스스로 내려올 줄 모르는 사람은 그 자리를 지키기 위해서 결국 백성을 죽이고 맙니다.

높아지려면 낮아지는 것부터 배워야 합니다. 부자가 되려면 가난이 무엇인지부터 배워야 합니다.

예수님은 오직 백성들의 구원과 축복을 위해서 깨끗이 버리셨습니다. 그리고 이 낮은 곳으로 내려오셨습니다.

예수님은 비우고 종이 되셨습니다

"오히려 자기를 비워 종의 형체를 가지사 사람들과 같이 되셨고 사람의 모양으로 나타나셨다"(빌 2:7-8)고 했습니다.

예수님께서 이 땅에 왕으로 오실 때 황금 마차를 타고 오신 것이 아닙니다. 예수님께서 이 세상에 들어오실 때 헤롯 궁전으로 오신 것도 아닙니다.

짐승이 사는 말똥 냄새나는 말구유에 오셨습니다. 생명과 사랑에 굶주린 백성들의 밥이 되기 위해서 오셨습니다.

"나는 하늘에서 내려온 살아있는 떡"(요 6:51)이니 "이 떡을 먹는 자는 영원히 살리라"(요 6:58)라고 하셨습니다.

예수님은 주인으로 오신 것이 아니라 종으로 오셨습니다. 주인이신데 종의 자리로 내려오셔서 종으로 사셨습니다.

이스라엘의 초대 왕은 사울이었습니다. 사무엘 선지자가 사울을 왕으로 선택할 때 사울은 "나 같은 가장 작고 미약한 사람이 어떻게 왕이 될 수 있느냐"고 왕의 자리를 사양했습니다.

그러나 왕으로 세움을 받은 후 교만해졌습니다. 성소에는 제사장만 들어가야 하는데 하나님의 계명을 어기고 성소에 들어가 제사를 드렸습니다.

또 전쟁에서 얻은 노획물을 다 불태워야 하는데 좋은 것을 취하여 하나님의 명령을 무시했습니다.

뿐만 아니라 노년에는 자식 같은 다윗에게 왕의 자리를 빼앗길 것 같은 위기감을 느끼게 되자 다윗을 죽이려고 자객을 풀고 칼을 휘두르며 창을 가지고 쫓아다녔습니다.

결국 하나님을 무시하고 백성을 무시하다가 마지막에는 블레셋과의 전쟁터에 나가 싸우는 중에 아들 셋이 전사하고 사울 왕도 자신의 칼을 꽂아 놓고 그 위에 엎드러져 죽었습니다.

하나님은 "내가 사울을 왕으로 세운 것을 후회하노니 그가 돌이켜서 나를 따르지 아니하며 내 명령을 행하지 아니하였음이라"(삼상 15:11)라고 말씀하셨습니다.

하나님이 후회하시게 만든 인간 왕! 자기 위에 백성이 있고 백성 위에 하나님이 계시다는 사실을 잊어버린 타락한 왕! 백성들을 탄식하게 만든 인간 왕은 결국 하나님의 심판을 받았습니다.

예수님은 참된 왕과 진정한 자유를 가진 인간의 모습을 자기를 비워 종의 형체 속에서 보여주셨습니다. 자기를 비우는 자만이 진정으로 자유를 가진 인간이 될 수 있습니다.

모세는 바로의 공주의 아들이라는 칭함 받기를 거절하고 도리어 하나님의 백성과 함께 고난받기를 잠시 죄악의 낙을 누리는 것보다 더 좋아하며(히 11:24-25) 자기를 비웠을 때 위대한 민족의 지도자가 되었습니다.

바울 사도는 자신을 위하여 간직했던 모든 것을 배설물처럼 다 쏟아 버리고(빌 3:8) 자신을 비웠을 때 하나님의 성령과 은혜로 채움을 받을 수가 있었습니다.

노자의 도덕경 11장에는 "서른 개의 바퀴살은 하나의 바퀴통을 굴러가게 하기 위해 서로 돕지만, 수레의 용도는 그 바퀴살에서가 아니라 수레 칸의 빈 공간에서 생긴다"라는 말이 있습니다.

쓸모 있는 그릇은 비어 있는 그릇이고, 집을 지을 때도 비어 있는 공간을 둘 것이며, 사람도 역시 비우는 사람만 쓸모가 있다는 말입니다. 유(有)가 되기 위해서는 무(無)가 되어야 합니다.

회개란 자기를 비우는 하나님 앞에서의 새로운 결단입니다.

사람다운 사람이 되려면 모든 탐욕과 거짓과 위선을 비워야 합니다. 종이 되는 일부터 먼저 해야 합니다. 왕이 되려면 비우는 일부터 먼저 해야 합니다. 그리고 종이 되어야 합니다.

예수님은 죽으시고 부활하셨습니다

"자기를 낮추시고 죽기까지 복종하셨으니 곧 십자가에 죽으심이라"(빌 2:8)라고 말씀하셨습니다.

2천 년 전에 이 땅에 오신 예수님은 인류의 십자가를 지시고 죽으실 줄 알면서 오셨습니다.

왕은 백성을 대표하는 자리입니다. 왕이 범죄하면 백성들이 고통을 당합니다. 왕이 바르고 정직하면 백성이 평화를 누립니다.

예수님은 왕으로서 백성이 지은 모든 잘못과 죄를 자기가 지은 것처럼 백성들이 받아야 할 저주와 형벌을 기쁨으로 받으셨습니다. 한 알의 밀알이 되셨습니다. 인류의 왕으로서 인간을 대표하여 사람이 지은 모든 죄를 걸머지고 죽으셨습니다.

이것이 십자가입니다.

이 모습을 요한은 "보라 세상 죄를 지고 가는 하나님의 어린양이로다"(요 1:29)라고 했습니다.

이사야 선지자는 예수님이 이 땅에 왕으로 오시기 7백 년 전에 미리 예언했습니다.

"그는 실로 우리의 질고를 지고 우리의 슬픔을 당하였거늘 우리는 생각하기를 그는 징벌을 받아 하나님께 맞으며 고난을 당한다 하였노라 그가 찔림은 우리의 허물 때문이요 그가 상함은 우리의 죄악 때문이라 그가 징계를 받으므로 우리는 평화를 누리고 그가 채찍에 맞으므로 우리는 나음을 받았도다 우리는 다 양 같아서 그릇 행하여 각기 제 길로 갔거늘 여호와께서는 우리 모두의 죄악을 그에게 담당시키셨도다"(사 53:4-6)

왕은 백성의 죄와 고난을 대신해서 죽어야 합니다. 왕은 백성의 행복과 자유를 위해서 십자가를 지고 죽을 줄 알아야 합니다.

대통령이 되겠다는 사람들은 죽기 위해서 나와야 합니다. 제 목숨 하나 잘 살기 위해서 나오는 사람은 자격이 없습니다. 제 이름 하나 알리려는 욕망 때문에 나오는 사람은 하나님의 심판을 또다시 피하지 못할 것입니다.

비울 줄 알고 버릴 줄 알고 죽을 줄 알아야 왕이 될 수 있습니다.

"이러므로 하나님이 그를 지극히 높여 모든 이름 위에 뛰어난 이름을 주사 하늘에 있는 자들과 땅에 있는 자들과 땅 아래에 있는 자들로 모든 무릎을 예수의 이름에 꿇게 하시고"(빌 2:9-10)라고 했습니다.

예수님은 버리시고 내려오셨지만 그러나 하나님은 지극히 높여 주셨습니다.

예수님은 자기를 비워 종이 되셨지만 그러나 하나님은 하늘과 땅에 있는 모든 자들로 예수님 앞에 무릎을 꿇게 하셨습니다.

예수님은 십자가에서 죽으셨지만 그러나 하나님은 다시 살리셔서 영원한 인류와 하늘나라의 왕으로 세우셨습니다.

인간의 역사는 인류의 왕이신 예수님이 오신 시간부터 새로운 시간으로 받아들여 주전과 주후 서기 1년부터 계수하기 시작했습니다.

예수님을 나와 이 민족의 왕으로, 세계 인류의 왕으로 모시는 운동이 기독교 복음 운동입니다.

예수님을 왕으로 모시고 살아가는 자만이 자유와 행복이 가능합니다.

오늘의 왕과 내일의 왕과 영원한 왕은 버리고, 비우고, 죽으신 예수님이십니다. 이 왕을 따라 이 땅에 살아가는 작은 예수의 왕들, 그 이름이 바로 크리스천입니다.

의인 한 사람만 있어도

먼저 말씀을 읽고 묵상하십시오.

예레미야 5장 1-6절

1. 너희는 예루살렘 거리로 빨리 다니며 그 넓은 거리에서 찾아보고 알라 너희 가 만일 정의를 행하며 진리를 구하는 자를 한 사람이라도 찾으면 내가 이 성읍을 용서하리라
2. 그들이 여호와께서 살아 계심을 두고 맹세할지라도 실상은 거짓 맹세니라
3. 여호와여 주의 눈이 진리를 찾지 아니하시나이까 주께서 그들을 치셨을지라 도 그들이 아픈 줄을 알지 못하며 그들을 멸하셨을지라도 그들이 징계를 받 지 아니하고 그들의 얼굴을 바위보다 굳게 하여 돌아오기를 싫어하므로
4. 내가 말하기를 이 무리는 비천하고 어리석은 것뿐이라 여호와의 길, 자기 하 나님의 법을 알지 못하니
5. 내가 지도자들에게 가서 그들에게 말하리라 그들은 여호와의 길, 자기 하나 님의 법을 안다 하였더니 그들도 일제히 멍에를 꺾고 결박을 끊은지라
6. 그러므로 수풀에서 나오는 사자가 그들을 죽이며 사막의 이리가 그들을 멸 하며 표범이 성읍들을 엿본즉 그리로 나오는 자마다 찢기리니 이는 그들의 허물이 많고 반역이 심함이니이다

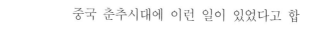

중국 춘추시대에 이런 일이 있었다고 합니다.

노(魯)나라의 어느 마을에 가난한 여인이 살았습니다. 그런데 이웃 제(齊)나라에서 노나라를 정복하려고 쳐들어왔습니다. 제나라 군사들이 여인이 살던 마을에 들이닥치자 여인은 젖먹이 아기는 품에 안고 어린아이는 손을 꼭 잡고 필사적으로 도망쳤습니다.

그러나 얼마 못 가서 제나라 군대에게 잡힐 위기에 놓였습니다. 군대가 근거리로 뒤쫓아오자 여인은 눈물을 흘리며 한 아이를 버리기로 작정했습니다.

여인은 품에 안고 있던 젖먹이 아기를 내려놓았습니다. 그러고는 어린아이의 손을 꼭 잡고 혼신의 힘을 다해 달렸습니다. 그러나 여인은 결국 제나라 군대에게 붙들리고 말았습니다.

제나라 군대 장군은 조금 이상하다는 듯이 여인에게 물었습니다.

"어찌하여 품에 안고 있던 아기는 내려놓고 어린아이만 데리고 도망쳤느냐?"

여인은 담담하게 말했습니다.

"내가 품에 안고 있던 젖먹이 아기는 내 자식이고 손을 잡고 있던 아이는 형님의 자식입니다. 나는 누구보다도 내 아기를 사랑합니다. 그러나 내 아기를 돌보는 것은 사적인 '사랑'이고 형님의 아이를 돌보는 것은 공적인 '의'입니다.

형님의 자식을 버리고 내 자식을 구하는 것은 공적인 의를 버리고 사적인 사랑을 선택하는 것입니다. 나는 그럴 수 없었습니다.

만약 내 자식을 구하고 형님의 자식을 버린다면 우리 집안 꼴은 어떻게 될 것이며, 나아가 모든 백성이 공의를 버리고 사욕을 따라 산다면 이 나라 꼴은 어떻게 되겠습니까?"

이 말을 듣고 제나라 군대 장군은 크게 감동했습니다. 장군은 "공의가 무엇인지 아는 여자가 있는 도성은 쳐들어갈 수 없다"고 말하며 공격을 멈추고 철수했다고 합니다.

공의가 무엇인지 알고 있는 한 여인이 도성을 구했습니다. 천 명, 만 명 군사보다 한 여인의 의로움이 강했습니다. 천하를 호령하는 권력에 맞서 한 여인의 공의가 도성을 위기에서 건져냈습니다.

잠언서 14장 34절에는 "공의는 나라를 영화롭게 하고 죄는 백성을 욕되게 하느니라"고 했습니다.

공의가 있는 사람, 공의가 있는 나라는 결코 망하지 않습니다.

그러나 죄는 개인도 망하게 하고 나라도 무너뜨립니다. 어떤 사람이든 어떤 나라든 망할 때 보면 대부분 도덕적 타락으로 망하게 됩니다.

유명한 역사가 찰스 베어드는 역사를 연구하면서 얻은 교훈 네 가지를 말했습니다.

첫째, 개인이건 국가건 망할 때는 반드시 권세욕에 날뛰더라는 것입니다.

사람들이 권세욕에 사로잡혀 날뛰는 시대가 되면 이미 망할 때가 가까이 왔음을 알 수 있습니다.

둘째, 하나님의 맷돌은 너무나 천천히 돌아가서 맷돌이 있는지 의심하지만, 결국 의와 불의로 나누어 놓는다고 했습니다.

당장은 의가 불의 같고 불의가 의 같지만 반드시 의가 드러나고 불의는 심판을 받았습니다.

셋째, 벌이 꽃에서 꿀을 가져오므로 열매를 맺게 하는 것처럼 역사를 살펴보면 항상 악을 행하는 자로 말미암아 새로운 시대가 열리는 기회가 되었습니다.

넷째, 캄캄한 밤에 별을 볼 수 있는 것처럼 암흑과 혼란이 깊어질 때 의를 소망하는 백성이 많아졌습니다.

어느 나라든 흥망성쇠의 역사를 거듭하고 있습니다. 그런데 어느 때에 흥하고 어느 때에 망합니까? 어느 나라든지 가난해서 망한 나라는 없습니다. 도덕적인 부패와 타락으로 망했고 무너졌습니다.

예레미야 5장은 조국의 비운을 바라보며 눈물로 애를 태우던 예레미야 선지자를 통해서 주신 말씀입니다.

예레미야가 예언자로 부름을 받아 하나님의 말씀을 선포하던 시기는 북방 이스라엘 나라가 앗수르에게 망하고 난 뒤 유다 나라가 정신을 못 차리고 기울어져 갈 때였습니다.

예레미야는 온갖 박해와 시련을 무릅쓰고 변절한 유다를 향하여 하나님의 심판을 선포했습니다. 유다 나라가 바벨론의 포로로 파국에 이를 때까지 유다의 정치, 종교, 윤리는 모두 썩고 부패했습니다.

하나님께서는 예레미야를 부르셔서 "네가 무엇을 보느냐?"라고 물으십니다.

예레미야는 "내가 살구나무 가지를 보나이다"라고 대답합니다.

'살구나무'라는 말은 히브리어로 '샤케드'라고 합니다. 이 말은 '깨어 있다'라는 뜻입니다. 팔레스타인 지방에서 살구나무는 모든 나무들이 성장을 멈춘 정월에 꽃을 피웁니다. 살구나무 가지를 보고 있는 예레미야는 이 시대의 역사 현실과 다가오는 하나님의 심판을 똑바로 보고 있습니다.

예레미야는 민족의 위기를 보고 있습니다

선지자는 모두 잠든 시간에 깨어서 역사의 위기를 깊이 보고 있는 사람입니다. 예레미야는 하나님을 배신한 유다 나라에 내릴 하나님의 심판을 똑똑히 보고 있었습니다.

하나님을 버리고 숲속에 돌을 세워 그것이 나의 신이라고 엎드려 절을 했던 유다는 심판을 피할 길이 없었습니다.

"그들이 나무를 향하여 너는 나의 아버지라 하며 돌을 향하여 너는 나를 낳았다 하고 그들의 등을 내게로 돌리고 그들의 얼굴은 내게로 향하지 아니하다가 그들이 환난을 당할 때에는 이르기를 일어나 우리를 구원하소서 하리라"(렘 2:27)

백성들은 우상을 섬기기 시작하고 궁궐의 정치인들은 힘없는 백성들의 토지를 불법으로 약탈하고 사병을 소유하며 사리사욕을 채우는 데 혈안이 되어 있었습니다.

백성들의 안전과 장래는 안중에도 없고 권력을 지키기 위해 애굽이라는 외세의 힘을 끌어들였습니다. 애굽이 자신의 생명과 삶을 지켜줄 것이라는 믿음으로 하나님을 의지하는 대신 애굽을 의지했습니다.

이때에 거짓 예언자들이 일어나 백성들의 마음을 현혹하기 시작했습니다. 이들은 하나님과 대화한 일도 없었으며 영감을 받지도 못했습니다. 이들은 본 것이 없었기 때문에 꾸며서 거짓 예언을 하고 있었습니다.

뿐만 아니라 종교 도시 예루살렘 성의 부패는 극에 달했습니다. 예루살렘 성전 앞 넓은 거리는 항상 초만원을 이루었습니다. 그런데 진정한 예배자는 한 사람도 없었습니다.

하나님은 예레미야를 통해 울고 또 우셨습니다

하나님은 애굽에서 종살이를 하던 가련하고 불쌍한 백성들을 젖과 꿀이 흐르는 가나안으로 이끌어내셨습니다. 그냥 이끌어내신 것이 아니라 수많은 눈물 골짜기를 지나며 고생 끝에 차지한 땅이 가나안이었습니다.

그런데 눈에 넣어도 아프지 않을 만큼 사랑하고 정을 쏟아부었던 유다가 범죄했습니다.

마치 10년, 20년을 기다리며 가까스로 낳은 외아들이 범죄했을 때 매를 들어 종아리를 치려 하는 홀어머니의 찢어지는 아픔이 눈물이 되어 흘러내리는 것처럼 하나님은 울고 계셨습니다.

하나님은 예레미야를 통하여 눈물이 마르도록 울고 또 우셨습니다.

사랑하는 아들을 교도소에 보내는 아버지의 울음이었습니다. 혀를 깨무는 소리 없는 통곡이었습니다.

하나님은 매를 높이 들어 유다를 치려 했던 손을 내리셨습니다. 그리고 예루살렘 거리를 다시 찾아보라고 하십니다. 의로운 사람을 한 사람이라도 찾아내면 예루살렘 성을 용서하시겠다고 말씀하셨습니다.

그러나 셀 수도 없을 만큼 많은 사람이 오고가지만 한 사람의 의인을 찾아볼 수가 없었습니다.

하나님은 "너희가 만일 정의를 행하며 진리를 구하는 자를 한 사람이라도 찾으면 내가 이 성읍을 용서하리라"(렘 5:1)고 말씀하셨습니다.

한 사람의 의인만 있다면 전부 용서하시겠다는 아버지의 마음 저린 말씀이었습니다. 하나님의 눈에 드는 한 사람만 있다면 이 성읍 전체를 용서하시겠다는 은혜의 선포였습니다.

그러나 불행하게도 예루살렘 거리에서는 단 한 사람의 의인을 찾지 못했습니다. 결국 예루살렘 성은 함락되고 성전은 불타버리고 백성은 바벨론의 종살이로 끌려가는 비운의 종말을 맞이하고 말았습니다.

개인이건 국가이건 무너지고 망하는 순서가 있습니다. 어느 시대든 종교인들의 거짓된 삶은 정치권력의 부패를 가져오고, 정치권력의 부패는 민중의 타락을 가져왔습니다. 그리고 망했습니다.

이 시대의 역사 현실을 직시해야 합니다

유다 나라의 부패와 타락처럼 진실을 말해야 할 종교인들이 위선의 탈을 쓰고 거짓 예언에 정신이 팔려 있지 않습니까?

또한 백성을 섬기겠다고 외쳐대던 정치 권력자들은 썩고 부패하여 사리사욕에 눈이 멀어 있지 않습니까?

하박국 선지자의 예언을 들어보십시오.

"화를 입으리라. 저만 잘 살겠다고 남을 등쳐먹는 것들아, 재앙의 소용돌이에서 벗어나려고 높은 곳에 둥지를 틀었지만 너희가 꾸민 것은 패가망신할 일뿐, 뭇 백성을 망치다가 죄를 받게 되었다"(합 2:9-10)

"화를 입으리라. 죄없는 사람의 피를 빨아 성읍을 세우는 것들아, 남의 진액을 짜서 성을 쌓는 것들아"(합 2:12)

힘없는 민중은 믿을 사람이 없으니 좌절의 고뇌를 안고 산으로 들로 뒷골목으로 쾌락이라는 우상을 찾아다니며 술에 취하여 비틀거리고 있지 않습니까?

지금 우리가 살고 있는 세상을 깨어서 똑바로 볼 수 있는 의인은 누구입니까?

오늘 우리에게 주시는 하나님의 음성은 무엇입니까?

하나님은 의로운 한 사람을 찾고 계십니다. 한 사람이 중요합니다.

하나님께서 찾고 계신 의인 한 사람은 누구입니까? 그 사람은 바로 오늘 여기에 있는 나 자신이기를 바라고 계십니다.

진실 없는 세상이라고 탄식하지 맙시다. 믿음 있는 사람, 의인을 찾아볼 수 없다고 절망하지 맙시다. 모두 썩고 부패했다면서 분노하지 맙시다.

내가 진실하면 되고, 내가 믿음 있는 사람이 되고, 내가 의롭게 살면 됩니다. 내가 하나님의 마음에 드는 이 시대의 의인이 되겠다는 믿음과 정신과 각오를 새롭게 해야 합니다.

예수님은 지상 역사 안에서 의인으로 사셨습니다

하나님은 한 사람의 의인을 통하여 전체를 구원하십니다.

인간은 그 누구도 하나님의 마음에 드는 의인이 아니었습니다. 오직 예수님만이 의인이셨습니다.

그러므로 예수님 때문에 인간은 구원을 받을 수 있는 길이 열렸습니다. 인류 역사 가운데 오직 의로우신 예수님 한 분으로 인하여 하나님은 용서하셨고 구원을 베풀어 주셨습니다.

예수님은 자신을 위한 삶이 아니라 병들고 버려진 죄인을 위해서 사셨습니다. 예수님은 하나님을 위한 삶을 사셨고 죄인을 위해 죽으셨습니다.

죄는 심판을 불러옵니다. 그러나 용서받을 수 있는 길이 있습니다. 의인만 있으면 됩니다.

가정에도 기도하는 의인 한 사람만 있으면 하나님은 결코 그 가정을 버리지 않으십니다. 한 가지만이라도 정직함이 있고 진실함이 있으면 그 인생을 버리지 않으십니다. 하나를 보고 구원하시고, 하나를 보고 복을 주시는 하나님이십니다.

나 자신보다는 하나님을 생각하면서 사십시오.
나 자신보다는 이웃을 먼저 생각하고 사십시오.

의인 한 사람만 있다면, 하나님이 그 한 사람을 찾는다면, 이 한 사람이 누구이어야 하겠습니까?
바로 여기 있는 내가 하나님께서 찾는 한 사람이 되어야 하지 않겠습니까?

10장

이 길이 닫히면 저 길이 열리고

먼저 말씀을 읽고 묵상하십시오.

사도행전 14장 8-10절

8. 루스드라에 발을 쓰지 못하는 한 사람이 앉아 있는데 나면서 걷지 못하게 되어 걸어 본 적이 없는 자라
9. 바울이 말하는 것을 듣거늘 바울이 주목하여 구원받을 만한 믿음이 그에게 있는 것을 보고
10. 큰 소리로 이르되 네 발로 바로 일어서라 하니 그 사람이 일어나 걷는지라

《백만장자 마인드》라는 책을 쓴 토머스 J. 스탠리는 이런 말을 했습니다.

"부자들의 공통점을 보면 대부분 가난한 사람들이었다. 그리고 실패한 사람들이었다. 그런데 실패하면 다시 일어난 것이 보통 사람들과 다른 점이었다."

아름다운 삶을 살고 행복한 인생을 살아가는 사람들에게는 다 그럴 만한 이유가 있습니다.

집손이라는 사람은 가난한 집안에서 태어나 방앗간 심부름꾼으로 시작해서 미국의 손꼽히는 부자가 되었습니다.

한번은 친구가 그에게 돈을 버는 비결을 물었습니다. 그러자 그는 세 가지 비결을 알려주었습니다.

첫째, 술을 마시지 마라. 세상에서 술주정뱅이가 부자가 되고 성공한 예는 단 한 번도 없었다.

둘째, 고생을 두려워하지 말고 열심히 일해라. 고생하지 않고 편하게 세상을 산 사람이 성공한 예는 없었다.

셋째, 하나님을 믿고 만사를 의심하지 마라. 조그만 일에도 불안해하고 흔들리며 쉽게 좌절하고 불평하며 의심하는 사람이 부자가 되고 성공한 예는 없었다.

이 말을 들은 친구는 "그것은 누구나 알고 있는 이야기가 아니냐"라고 말했습니다. 그러자 집손은 얼굴에 미소를 띠며 "삼척동자도 알 만한 것을 실천하지 않으면 모르는 것과 똑같은 것이야"라고 대답했습니다.

성경에는 행복하게 태어나서 행복하게 살아가는 사람의 이야기가 아니라 불행하게 태어나서 행복하게 살아가는 사람의 생애가 기록되어 있습니다. 성경 말씀에는 가난하게 태어나서 부유하게 살아가는 사람의 이야기로 가득 차 있습니다.

성경은 죄인으로 태어나서 의인으로 살아가는 사람들의 이야기입니다. 버려진 자로 태어나서 중요한 사람으로 살아가는 사람들의 이야기입니다. 울면서 태어나서 웃으면서 살아가는 사람들의 이야기입니다.

성경에 태어나면서부터 걷지 못하게 된 사람이 있습니다.

"루스드라에 발을 쓰지 못하는 한 사람이 앉아 있는데 나면서 걷지 못하게 되어 걸어 본 적이 없는 자라"(행 14:8)

태어날 때부터 이미 불행한 운명이었습니다. 세상에 태어나 한 번도 걸어 본 적이 없는 사람이었습니다. 뛰고 달려도 살아가기가 힘들고 어려운 세상인데 주저앉아 있는 몸으로 어떻게 냉엄한 생존의 현장을 지켜 나갈 수가 있겠습니까?

그런데 이 사람에게 기적이 일어났습니다. 운명의 변화가 일어났습니다. 이쪽 문이 닫혔는데 저쪽 문이 열렸습니다.

주저앉아 평생을 살아가야 하는 답답한 사람이었습니다. 어미, 아비도 손을 쓸 수 없는 가슴 아픈 자식이었습니다.

세월이 흐른다고 소망이 생기겠습니까? 이대로 살다가 이대로 끝나버릴 사람이었습니다.

그런데 주저앉아 있던 사람이 일어났습니다. 불가능했던 사람에게 기적이 일어났습니다. 불행이 행복으로 바뀌었습니다. 어떻게 이런 일이 일어났습니까?

바울과 실라가 예수님을 증거하려고 루스드라 땅에 들어갔습니다. 회당에서 하나님의 말씀을 증언하는데 많은 사람이 모여 듣고 있었습니다.

그런데 나면서부터 한 번도 걸어보지 못한 사람이 그곳에 참석했습니다. 바울 사도가 설교를 하고 있는데 유난히 이 사람이 눈에 띄었습니다. 바울 사도는 이 사람 속에 구원받을 만한 믿음이 있음을 알아차리고 그에게 가서 "네 발로 바로 일어서라"라고 했고 그 순간 그 사람이 일어나 걸었습니다.

하나님은 포기하지 않는 사람에게 기적을 주십니다

그는 나면서부터 한 번도 걸어 본 적이 없는 사람인지라 자신을 비관하면서 신세한탄이나 하고 세상과 하나님을 원망하며 살아갈 수도 있었습니다.

그러나 이 사람은 자신의 인생을 포기하지 않았습니다.

하나님의 종이 회당에 와서 하나님의 말씀을 전한다는 말을 듣고 그곳에 나왔습니다. 다른 사람이 십 리, 백 리를 달려갈 때 이 사람은 겨우 한두 발짝 움직여서 갈 뿐입니다.

그러나 절망하지 않고 온갖 힘을 다해서 나왔습니다. 나오는 길목에 움푹 패인 구덩이가 있고 돌부리 있는 거친 길을 온몸으로 부딪치면서 나왔습니다.

레나 마리아의 수기인 《발로 쓴 내 인생의 악보》라는 책이 있습니다.

레나 마리아는 1968년 스웨덴에서 두 팔이 없고 한쪽 다리가 짧은 중증 장애인으로 태어났습니다. 부모는 비록 불행하게 태어난 자식이지만 포기하지 않았습니다. 오히려 하나님께서 주신 선물로 확신하고 기도와 말씀과 신앙으로 양육했습니다.

레나는 수영 선수가 되어 올림픽에서 금메달을 4개나 땄습니다. 그리고 유명한 피아니스트가 되었습니다.

그녀는 운전을 자유롭게 합니다. 성가대 지휘도 훌륭하게 해냈습니다. 하나밖에 없는 오른발로 못하는 것이 없는 사람이 되었습니다.

그녀는 스톡홀름 음악대학을 졸업하고 세계적인 가스펠 가수가 되었습니다. 세계의 언론은 그녀가 천상의 노래를 한다고 격찬합니다.

레나는 "이 모든 것이 하나님 때문에 가능했다"고 말했습니다.

그녀는 지금까지 한 번도 자신에게 '장애'가 있다고 여긴 적이 없었다고 말합니다. 오히려 그 장애가 믿음과 더불어 오늘의 자신을 있게 한 은총이었다고 고백합니다.

사지백체가 온전한 사람과 사는 방법이 다를 뿐이지 두 팔이 없고 한쪽 다리가 장애라는 것이 불행한 것은 아니라고 말합니다.

그리고 "하나님은 언제나 내 인생을 책임져 주셨습니다"라고 고백합니다. 하나님은 언제든지 꿈을 가지고 기도하면 인도해주셨고 도와주셨다고 했습니다.

그녀는 아무리 불가능한 처지에 있다고 해도 포기하지 않고 하나님을 의지하고 믿으면 반드시 기적을 일으켜 주신다고 증언하고 있습니다.

이쪽 문이 닫혀 절망하고 주저앉았는데 저쪽 문이 열렸습니다. 전혀 다른 삶을 살기 시작했습니다.

루스드라 땅에 한 번도 걸어 본 적이 없는 사람은 자신을 비관하거나 절망하지 않았습니다. 그리고 믿음으로 하나님께 나왔을 때 일어나 걷는 기적이 일어났습니다.

예수님께서는 종말의 날을 살아가는 사람들에게 "끝까지 견디는 자는 구원을 얻으리라"(마 24:13)라고 말씀하셨습니다.

하나님은 말씀의 능력을 믿는 사람에게 기적을 주십니다

"바울이 말하는 것을 듣거늘 바울이 주목하여 구원받을 만한 믿음이 그에게 있는 것을 보고"(행 14:9)라고 했습니다.

바울이 하나님의 말씀을 증거하는 중에 말씀을 열심히 듣고 받아들이는 사람이 있었습니다.

'바울이 말하는 것을 듣거늘'이라고 했습니다. 이 '듣는다'라는 말은 '아쿠오'라는 말인데, 집중해서 듣고, 마음을 다해서 듣고, 열심히 듣고, 지속적으로 듣는다는 뜻이 내포되어 있습니다.

말씀을 들을 때 다른 생각이나 잡념이 들어서는 안 됩니다. 하나님을 대하듯 말씀을 대해야 합니다.

"이 말씀만이 나를 살린다.

이 말씀의 능력만이 나를 구원한다.

이 말씀의 능력만이 나를 일으킨다."

이런 확신과 사모함을 가지고 말씀에 운명을 걸어야 합니다.

이것을 믿음이라고 합니다.

이것저것 따지고 비판하는 사람에게는 말씀이 능력으로 임할 수가 없습니다. 이것저것 복잡하게 생각하는 사람 속에는 말씀이 생명으로 임할 수가 없습니다.

하나님의 말씀을 제대로 들으면 복잡했던 생각이 단순하게 됩니다.

평안이 임하기 시작하고 확신이 생깁니다.

감격이 일어나기 시작하고 기쁨과 감사의 마음에 눈시울이 붉어지기 시작합니다.

말씀을 집중해서 듣기 시작하면 주님의 능력이 영혼과 몸을 사로잡아 역사하면서 엄청난 기적이 일어납니다.

누가복음 24장 32절에 보면 "성경을 풀어 주실 때에 우리 속에서 마음이 뜨겁지 아니하더냐"라고 했습니다.

말씀을 집중해서 들을 때 말씀의 권능이 마음을 뜨겁게 합니다.

시편 107편 20절에 "그가 그의 말씀을 보내어 그들을 고치시고 위험한 지경에서 건지시는도다"라고 했습니다.

하나님은 말씀의 능력으로 모든 병마를 몸에서 몰아내시고 위기에서 건져주십니다.

사도행전 10장에 보면 고넬료라는 이달리야 군대의 백부장이 베드로 사도를 가정에 초청했습니다. 고넬료는 온 가족과 친척을 모아놓고 베드로의 설교에 집중해서 말씀을 듣고 있었습니다.

그때 "베드로가 이 말을 할 때에 성령이 말씀 듣는 모든 사람에게 내려오시니"(행 10:44)라고 했습니다.

성령이 누구에게 내려오셨다고 하였습니까?

말씀을 열심히 듣는 모든 사람에게 내려오셨다고 했습니다.

오늘도 하나님은 하나님의 말귀를 알아듣는 사람에게 능력으로 나타나십니다.

하나님의 말씀을 들을 때는 자신을 깨끗이 잊어버리십시오.

'나는 태어날 때부터 불행한 사람이다. 나는 불쌍한 사람이다. 나는 실패자이고 가난한 인생이다. 해도 안 되고 뒤로 넘어져도 코가 깨지는 지지리도 운이 없는 자다. 나는 팔자가 기구한 운명이다.'

이런 믿음 없는 생각을 가지고 있는 한 시궁창 수렁에 빠져가듯 더욱더 깊은 절망과 분노의 늪에 빠져 들어갈 수밖에 없습니다.

루스드라 땅의 나면서부터 걸어 본 적이 없는 이 사람은 하나님 앞에서 말씀을 듣고 있는 동안 자신에 대해서는 깨끗이 잊어버렸습니다.

오직 말씀을 그대로 받아들였습니다.

하나님이 나를 사랑하신다고 하니 "아멘" 했습니다.

예수님께서 나를 위하여 십자기에 달려 죽으셨다고 하니 "아멘, 아멘" 했습니다.

예수님께서 흘리신 보혈의 피가 나의 죄를 깨끗이 씻어주셨다고 하니 "아멘, 할렐루야" 했습니다.

예수님을 믿으면 구원을 받고 천국에 간다고 하니 "아멘, 아멘" 했습니다.

하나님께서 내 인생에 대해서 계획을 가지고 인도하신다니 "옳소" 했습니다.

예수님의 권능은 능치 못하는 일이 없다고 하니 "당연하지" 했습니다.

루스드라 땅의 나면서부터 한 번도 걸어보지 못한 사람은 오직 하나님의 말씀에 집중했고 그대로 받아들였고 믿었습니다.

구원받을 만한 믿음이 있어야 하지 않겠습니까?

축복받을 만한 믿음이 있어야 하지 않겠습니까?

응답받을 만한 믿음을 만들어야 하지 않겠습니까?

잘되고 성공할 만한 이유를 만들어야 하지 않겠습니까?

하나님께서 기적을 나타내주실 만한 이유를 만들어야 하지 않겠습니까?

포기하지 마십시오.

나올 수 없는 환경을 극복하고 나오는 것이 믿음입니다.

말씀의 능력을 믿으십시오.

하나님의 말씀이 무엇이라고 하는가가 중요한 것이지, 지금 내가 어떤 처지, 어떤 생각을 하고 있는가가 중요한 것이 아닙니다.

나면서부터 세상을 불행하게 시작한 루스드라 땅의 이 사람은 어느 순간 일어나 걷고 뛰고 달려가는 감격스러운 인생으로 변화되었습니다.

전도서 3장 11절에 "하나님이 하시는 일의 시종을 사람으로 측량할 수 없게 하셨도다"라고 했습니다. 닫힌 문만 바라보며 주저앉지 말고 하나님께서 새롭게 열고 계시는 저쪽 문을 보십시오.

11장 비록 살 소망이 끊어진다 해도

먼저 말씀을 읽고 묵상하십시오.

고린도후서 1장 8-11절

8. 형제들아 우리가 아시아에서 당한 환난을 너희가 모르기를 원하지 아니하노 니 힘에 겹도록 심한 고난을 당하여 살 소망까지 끊어지고

9. 우리는 우리 자신이 사형 선고를 받은 줄 알았으니 이는 우리로 자기를 의지 하지 말고 오직 죽은 자를 다시 살리시는 하나님만 의지하게 하심이라

10. 그가 이같이 큰 사망에서 우리를 건지셨고 또 건지실 것이며 이 후에도 건지 시기를 그에게 바라노라

11. 너희도 우리를 위하여 간구함으로 도우라 이는 우리가 많은 사람의 기도로 얻은 은사로 말미암아 많은 사람이 우리를 위하여 감사하게 하려 함이라

그리스 신화에 '판도라 상자'라는 이야기가 있습니다.

아무런 고통도 불행도 없었던 시대에 판도라라는 예쁜 소녀가 살고 있었습니다.

그런데 어느 날 요정이 내려와서 금실로 묶은 이상한 상자를 하나 주고 갔습니다. 그러면서 상자를 절대로 열어 보지 말라고 했습니다.

판도라는 그 상자 안에 무엇이 들어 있는지 궁금했습니다. 그래서 얼마 후에 상자 뚜껑을 열어 보았습니다. 상자 뚜껑이 열리는 순간 악한 요정들이 쏟아져 나와서 사람들을 물고 찌르고 했습니다.

평화와 행복이 가득했던 세상은 온통 신음과 비명과 고통으로 불행해지기 시작했습니다. 괴로워서 울고 불안해서 두려워하고 어두움과 절망이 그들을 덮었습니다.

그때 상자 속에서 소리가 들려왔습니다.

"나를 내보내 주십시오. 나를 세상으로 나가도록 해 주십시오."

판도라는 묻습니다.

"너는 누구니?"

"나는 희망입니다"

판도라가 상자 뚜껑을 여는 순간 '희망'이라는 요정이 나와서 악한 요정들한테 찔리고 상해서 고통하고 신음하며 불행했던 사람들을 치료하기 시작했습니다.

오직 희망만이 인간의 불행을 치료할 수 있는 능력임을 교훈으로 주는 이야기입니다.

지금 무엇이 문제입니까?

환경이 어렵고 사업이 힘드십니까?

세상살이가 힘들 때도 있습니다. 삶이 고생스럽고 절망스러울 수도 있습니다. 나만 불행한 것처럼 자신에 대해서 실망스러울 때도 있습니다.

그러나 비록 살 소망이 끊어질 정도로 힘들고 어렵다고 해도 희망을 포기하지 않는다면 다시 시작할 수 있습니다.

사람이 당하는 고통과 불행을 치료하는 능력은 오직 희망임을 믿어야 합니다.

성경 말씀에 너무 큰 환난을 당한 사람이 나옵니다. 힘에 겹도록 심한 고난을 당하여 살 소망까지 끊어졌다고 했습니다.

"우리 자신이 사형 선고를 받은 줄 알았다"(고후 1:9)

우리는 모두 평안하기를 바라지만 불안한 마음으로 세상을 살아 갑니다. 모두 성공해서 잘살기를 바라지만 실패와 좌절 속에 살아갑니다. 건강을 바라지만 질병에 시달리기도 하고 승리하기를 소원하지만 실패가 오기도 합니다. 때로는 참고 견디며 기다리기도 하지만 그러나 끝내는 더 이상 기다릴 수 없는 살 소망까지 끊어질 때가 있습니다.

이미 사형 선고가 내려졌습니다.

이제 끝장나 버렸습니다.

노력해도 안 되고 힘써도 안 되고 울어도 더 이상 방법이 없습니다.

하나님께서는 무엇이든지 다 하실 수 있는 분이신데 무엇 때문에 이 고통을 허락하시는 것입니까?

사랑의 하나님이신데 사형 선고까지 내리시는 이유는 무엇입니까?

참혹한 환난과 고통을 허락하시는 이유가 도대체 무엇입니까?

성경 말씀은 우리에게 살 소망이 끊어지고 사형 선고를 내리신 하나님의 이유를 말씀해주시고 있습니다. 심한 고생과 환난을 허락하시는 이유를 말씀해주시고 있습니다.

지금 이 순간 하나님만 의지하십시오

"우리로 자기를 의뢰하지 말고 오직 죽은 자를 다시 살리시는 하나님만 의지하게 하심이라"(고후 1:9)라고 했습니다.

오직 하나님에게만 소망을 두고 살라는 말씀입니다.

오직 예수님만이 세상의 희망임을 믿으라는 말씀입니다.

왜 외로운 줄 아십니까?

하나님만 의지하고 살라는 뜻입니다.

왜 성공할 일이 실패하는지 아시겠습니까?

왜 힘에 겹도록 살 소망까지 끊어졌는지 아시겠습니까?

오직 하나님께 소망을 두고 살라는 하나님의 뜻이 있기 때문입니다.

지금 이 순간 하나님만 의지하십시오.

오직 죽은 자를 살리시는 하나님만 의지하려면 먼저 자기를 의지하지 말아야 합니다. 자기를 의지하고 있는 동안은 하나님만 의지할 수 없습니다.

내가 소유하고 있는 것에 기대와 소망을 걸고 있는 동안은 하나님을 의지할 수 없습니다.

자기를 의지하지 않으려면 어떻게 해야 하겠습니까?

내가 아무것도 아님을 깨달아야 합니다

사람은 모두 젊은 날에는 자신이 대단한 사람처럼 생각하고 살아갑니다. 그러다가 점점 세월이 가면서 자신이 별 볼 일 없는 존재임을 자각하며 늙어가기 시작합니다.

고린도후서 말씀을 받아 기록한 사도는 바울이라는 사람입니다. 본래 바울은 당대에 유명한 철학자였습니다. 뿐만 아니라 그 시대를 지배하고 있던 유대교의 율법학자이고 정치적으로는 로마시민권을 소유하고 있던 특권층이었습니다.

그런 그가 어느 날 다메섹이라는 언덕에서 부활하셔서 살아계신 예수님을 직접 만나는 경험을 하면서부터 예수님의 제자로 살아가게 됩니다.

바울은 자신이 대단한 사람인 줄 알았습니다. 그래서 자신의 지식과 종교와 정치적 배경을 가지고 자신의 뜻과 함께하지 않는 사람들은 가차 없이 잡아 사형시키는 일을 서슴지 않았습니다.

그런 그가 예수님을 만난 후에 달라지기 시작했습니다.

우선 그는 예수님을 만난 후에 자신이 만삭되지 못한 자 같다고 했습니다.

"맨 나중에 만삭되지 못하여 난 자 같은 내게도 보이셨느니라"(고전 15:8)라고 했습니다.

한 걸음 더 나아가서 그는 사도 중에서 지극히 작은 자신을 발견했습니다.

"나는 사도 중에 가장 작은 자"(고전 15:9)라고 했습니다.

자신이 큰사람인 줄 알았는데 예수님 앞에서 자신은 가장 작은 자임을 보았습니다.

바울은 복음을 전하다가 감옥에 갇혔을 때 예수님 앞에서 자신의 실체를 보았습니다.

"모든 성도 중에 지극히 작은 자보다 더 작은 나에게 이 은혜를 주셨다"(엡 3:8)라고 했습니다.

이제는 성도 중에 지극히 작은 자보다 더 작은 존재가 자신임을 보았습니다.

그리고 자신이 얼마나 모순되고 죄가 가득한 인간 존재인가를 고백합니다.

"죄인 중에 내가 괴수니라"(딤전 1:15)라고 피를 토하는 소리를 합니다.

자신은 의로운 자인 줄 알았는데 죄인입니다. 죄인 중에서도 괴수 같은 존재입니다.

그리고 바울은 자신의 존재가 아무것도 아닌 자임을 자각하는 자리까지 내려갑니다.

"내가 아무것도 아니다"(고후 12:11)

신앙생활이란 하나님 앞에서 내가 누구인가를 발견해 가는 과정입니다.

사람은 자신의 눈으로는 자신을 정확하게 볼 수 없습니다. 거울이 없이 자기 모습을 어떻게 볼 수 있습니까? 나를 정확하게 비추어주는 거울이 누구입니까?

예수 그리스도이십니다. 예수님을 보면 내가 누구인가를 알 수 있습니다.

바울 사도는 예수님 앞에 가면 갈수록 자신의 실체를 보았습니다.

"나는 아무것도 아닌 존재."

이것이 결론이었습니다.

그러니 자기 자신을 의뢰하고 살 수 있습니까?

내 자신이 내 희망일 수 있겠습니까?

한 줌의 먼지로 사라질 나를 스스로 믿고 살 수가 있겠습니까?

그러면 어떻게 해야 하겠습니까?

"자기를 의지하지 말고 오직 죽은 자를 다시 살리시는 하나님만 의지하게 하심이라"(고후 1:9)

하나님께 소망을 두면 하나님께서 풀어주십니다

구약 성경에 요셉이라는 사람이 있습니다. 어머니가 네 명이나 되었고 배다른 형제들이 열둘이나 있었습니다.

어느 날 요셉은 형제들에 의해 종으로 팔려 갔습니다. 요셉은 억울하고 섭섭한 마음이 한이 없지만 하나님께 소망을 두었습니다. 충성스럽게 종살이했던 요셉은 안주인을 겁탈하려 했다는 강간미수범으로 살아남을 수 없는 감옥에 들어갔습니다.

그러나 요셉은 하나님만 의지하였습니다.

드디어 요셉은 나라를 다스리는 총리대신의 자리에 오르게 되었습니다.

하나님을 의지하면 억울함을 이겨낼 수 있습니다.

하나님께 소망을 두면 반드시 하나님께서 풀어주십니다.

예수님이 사역하신 당시에 야이로라는 회당장이 있었습니다. 당시 회당장이라면 시장이나 의회의장 정도 되는 권세와 지식과 명예를 가지고 있는 사람이었습니다. 그런데 이제 막 열두 살 된 딸이 죽어 가고 있었습니다.

돈 있고 권세가 있으니 안 해본 것이 무엇이겠습니까?
어느 순간에 가면 돈도 권세도 지식도 명예도 학벌도 아무 쓸모없는 것이 되어버리고 맙니다.
돈이 있다고 안 죽습니까?
지식이 있다고 다 행복합니까?
권세가 있다고 다 훌륭한 인간입니까?
이런 것 가지고 안 되는 것이 있습니다.
이 모든 것을 가지고 있어도 죽어 가는 딸을 살려낼 수가 없습니다.

야이로라는 회당장은 예수님에게 나와 무릎을 꿇었습니다. 내 능력으로는 안 된다는 뜻입니다.
교회에 나와 예수님을 믿는다는 뜻은 '내 힘, 내 능력으로는 안 되오니 하나님께서 그 크신 능력과 지혜로 도와주십시오'라는 뜻입니다.
하나님만 의지한다는 뜻입니다.

야이로 회당장은 지성인이고 권세가 있는 사람이었지만 죽어 가는 딸을 살릴 수 없자 예수님께 나와 무릎을 꿇었습니다. 예수님은 야이로의 집에 들어가셔서 어린 딸을 살려 주셨습니다.
사람이 할 수 없는 것을 하나님은 하십니다.

하나님께 소망을 두고 살아가는 삶의 방식이 신앙입니다.

근래에 가장 용기 있는 미국인으로 선정된 사람은 미셸 프라이스라는 소녀였습니다. 미셸 프라이스는 여덟 살 때 치명적인 뼈암에 걸렸습니다. 오른쪽 다리를 절단하고도 생존 가능성은 4퍼센트밖에 안 되었습니다.

어린 소녀는 둘러서서 걱정하고 있는 가족과 의사를 향하여 "나는 하나님께서 행하심을 믿겠습니다. 하나님은 죽은 예수님을 살리셨잖아요"라고 말했습니다.

어린 소녀는 기도하기 시작했습니다. 하나님께 소망을 두고 생기를 잃지 않았습니다.

그 소녀는 3개월 만에 완치되었습니다.

얼마 후에 한 다리로 스키를 타는 법을 배웠고 전국 장애인 스키대회에서 우승을 했습니다.

힘에 겹도록 심한 고난을 당하여 살 소망이 끊어져도 하나님께 소망을 가지십시오!

환난과 고난이 오는 것은 자기를 의지하지 말고 하나님만 의지하게 하시려는 하나님의 뜻이 있습니다.

12장

걱정한다고 되는 일이 있습니까?

먼저 말씀을 읽고 묵상하십시오.

빌립보서 4장 4-7절

4. 주 안에서 항상 기뻐하라 내가 다시 말하노니 기뻐하라

5. 너희 관용을 모든 사람에게 알게 하라 주께서 가까우시니라

6. 아무 것도 염려하지 말고 다만 모든 일에 기도와 간구로, 너희 구할 것을 감사함으로 하나님께 아뢰라

7. 그리하면 모든 지각에 뛰어난 하나님의 평강이 그리스도 예수 안에서 너희 마음과 생각을 지키시리라

사람의 만남에는 세 가지가 있다고 합니다.

첫째, 생선 같은 만남입니다.

생선은 만지기만 하면 비린내가 납니다. 이러한 만남은 만날수록 후회스럽습니다. 좋은 기분으로 만났다가 상한 마음으로 헤어집니다. 만나고 나면 후회스럽습니다. 갈수록 기분 나쁜 만남입니다.

둘째, 꽃과 같은 만남입니다.

처음 만날 때는 어쩔 줄 모르고 좋았는데 금세 시들어 버리는 만남입니다. 감정적인 만남입니다. 변덕이 심한 만남입니다. 좋았다가 금방 싫어지고 반갑다가 얼마 못 가서 싫증을 내는 만남입니다. 이런 사람은 차라리 안 만나는 것이 좋습니다.

셋째, 손수건과 같은 만남입니다.

손수건은 어느 곳에 있는지도 잘 모릅니다. 때로는 거추장스러울 정도로 여겨지는 물건이기도 합니다. 그런데 손수건은 땀을 닦아주고 눈물을 정성껏 닦아줍니다. 얼굴을 닦아주고 더러운 손을 씻어줍니다. 평생 동안 하루라도 없어서는 안 되는 존재입니다. 이런 사람과의 만남은 귀하고 소중합니다.

손수건 같은 만남은 어려울 때 힘이 되어 주고, 아플 때 어루만져 주고, 눈물을 흘릴 때 닦아줍니다. 만날수록 귀한 만남이고 평안한 만남이고 참 기분 좋은 만남입니다.

부부가 살아가면서 '어쩌다 이런 사람을 만났는가?' 후회가 된다면 얼마나 고통스럽겠습니까?

그러나 살아갈수록 고마운 마음이 드는 사람이 있습니다. 손수건 같은 존재입니다.

살아갈수록 '참 잘 만났다. 이 사람을 만난 것이 다행이고 잘됐다'라고 생각되는 만남은 행복한 만남입니다.

바울 사도는 본래 철학과의 만남이 있었던 사람이었습니다. 그 이후에 유대종교와의 만남을 통하여 인간 문제를 풀어보려고 했습니다.

그러나 철학과 율법종교가 죄와 죽음으로부터 자유를 주고 구원을 주기보다는 "오호라 나는 곤고한 사람이로다"라고 탄식만 더했습니다.

그러다가 바울은 다메섹 언덕에서 살아계신 예수님을 직접 만나는 경험을 한 이후에 철학과 율법종교를 배설물처럼 버렸다고 했습니다.

"그러나 무엇이든지 내게 유익하던 것을 내가 그리스도를 위하여 다 해로 여길뿐더러 또한 모든 것을 해로 여김은 내 주 그리스도 예수를 아는 지식이 가장 고상하기 때문이라"(빌 3:7-8)

바울은 예수님을 만난 이후에 생사와 영원을 주님께 맡기는 삶으로 변화되었습니다.

이 땅에 살아야 할 이유가 예수님에게 있고 죽어야 할 이유를 예수님에게 두었습니다.

"우리가 살아도 주를 위하여 살고 죽어도 주를 위하여 죽나니 그러므로 사나 죽으나 우리가 주의 것이로다"(롬 14:8)

예수님에게 사로잡힌 바울 사도는 예수님만이 구원자이고 인간의 소망이라는 것을 증거하다가 순교하게 됩니다.

빌립보서라는 성경 말씀은 바울이 예수님을 증거하다가 감옥에 갇혀 고난 중에 주님의 말씀을 받아 기록한 내용입니다.

예수님을 만난 사람은 기쁨으로 살아갑니다

"주 안에서 항상 기뻐하라 내가 다시 말하노니 기뻐하라"(빌 4:4)

라고 했습니다.

늘 기쁨으로 살라고 합니다.

예수님을 믿으면서 마음이 기쁘지 않은 사람은 예수님을 잘못 믿는 사람입니다.

누가복음 10장에 보면 예수님께서 70명의 제자들에게 능력을 주셔서 각 고을마다 찾아가서 복음을 전하라고 하셨습니다.

예수님의 제자들은 나가서 복음을 전하며 기적을 행했습니다. 기도하니까 병든 사람이 낫고 귀신 들린 사람들이 제정신으로 돌아왔습니다. 그러니 얼마나 기쁘고 좋았겠습니까?

제자들이 돌아와서 예수님에게 자랑합니다.

"선생님! 제가 귀신도 쫓아내고 기적도 행했습니다."

예수님은 제자들이 기뻐하는 것을 보시고 이렇게 말씀하십니다.

"귀신들이 너희에게 항복하는 것으로 기뻐하지 말고 너희 이름이 하늘에 기록된 것으로 기뻐하라."

무슨 말씀입니까?

업적을 기뻐하지 말라는 말씀입니다.

예수님께서는 너의 능력을 알아주고 이름을 알아주는 것으로 기뻐하지 말라고 하십니다. 너희 이름이 하늘나라에 기록된 것을 기뻐하라고 하십니다.

예수 믿는 그리스도인들이 기쁘게 살아야 하는 이유는 예수님을 믿으면 그 이름이 하늘에 기록되기 때문입니다.

　예수님을 믿으면 하나님의 자녀가 되는 기쁨, 죄를 용서받은 기쁨, 천국에 들어가는 기쁨으로 살아가게 됩니다.

　구원받아 천국에 간다는 사실이 그리스도인의 최고의 기쁨입니다.

　내가 하늘나라 백성이 됐다고 하는 안도감과 기쁨으로 사는 것이 그리스도인입니다.

　내가 사는 이 세상과 다가오는 영원한 세상을 모두 책임져 주시는 하나님 아버지께서 계시기 때문에 기쁨으로 살아갈 수 있습니다.

　반드시 마지막이 옵니다.

　그리스도인들은 천국에 가게 된 기쁨으로 살아가는 사람들입니다.

예수님을 만나면 큰마음으로 살아가게 됩니다

　"너희 관용을 모든 사람에게 알게 하라"(빌 4:5)고 하셨습니다.

　관용이라는 말은 용서하는 마음, 너그러운 마음, 크고 넓은 마음을 뜻합니다.

　속이 좁은 사람을 만나면 답답합니다. 상대방의 약점만 보고 부정적인 말을 합니다. 다른 사람에 대해서 좋은 이야기를 하지 않습니다.

　농담이라도 상대방이 듣기 싫어하는 말을 하지 마십시오.

　상대방의 잘못과 실수를 비판하거나 트집을 잡지 마십시오.

마태복음 7장 1-2절에 "비판을 받지 아니하려거든 비판하지 말라 너희가 비판하는 그 비판으로 너희가 비판을 받을 것이요 너희가 헤아리는 그 헤아림으로 너희가 헤아림을 받을 것이니라"라고 했습니다.

교회는 여러 사람이 모이는 곳이기 때문에 나쁜 점과 좋은 점이 있게 마련입니다. 이왕이면 좋은 점을 보고 좋게 생각하고 희망을 가져야 하는데, 교회가 무엇이 어떻다, 이럴 수 있느냐 이렇게 말하는 사람은 복을 받기 어려운 사람입니다.

이제부터 좋은 것을 보고 좋은 점을 이야기하고 좋게 생각하시기를 바랍니다.

아브라함이 하나님의 부르심에 따라 나왔을 때 롯이 함께 나왔습니다.

아브라함이 큰 부자가 되었을 때였습니다. 없을 때는 서로 불쌍히 여기고 마음 아프게 여기더니 재물이 생기자 아브라함과 롯의 종들 간에 재산 다툼이 일어나기 시작했습니다.

배부르게 사는 것도 중요하지만 화목하게 사는 것이 더 중요하지 않습니까?

아브라함이 롯에게 제안을 합니다.

"싸우며 함께 사는 것보다 나누어져 평화롭게 사는 것이 좋겠다. 네가 좌하면 나는 우하고 네가 우하면 나는 좌하겠다."

아브라함은 모든 선택권을 롯에게 내어 줍니다.

양보하는 사람이 큰사람입니다. 포기하는 사람이 넓은 사람입니다.

아브라함은 크고 넓은 사람이었습니다. 하나님께서는 큰사람 아브라함에게 큰 복을 내리셨습니다.

큰마음, 너그러운 마음으로 사람을 대하십시오.

예수님은 크신 분이시기 때문에 예수님을 만나면 마음이 커지고, 너그러워지고, 따뜻해지고, 부드러워집니다.

예수님을 닮아서 인격이 고상해지고, 성품이 따뜻해지고, 이해심과 동정심이 깊어져야 합니다. 이렇게 변화되어 가는 사람이 예수님을 잘 믿는 사람입니다.

예수님을 만나면 감사와 기도의 사람이 됩니다

"아무것도 염려하지 말고 다만 모든 일에 기도와 간구로, 너희 구할 것을 감사함으로 하나님께 아뢰라"(빌 4:6)

예수님을 믿으면 감사가 넘치고 기도의 능력을 믿습니다.

노만 필 목사에게 어떤 사람이 찾아와서 더 이상 못살겠다고 하소연을 했습니다. 그 사람은 이 문제를 해결하면 저 문제가 터지고, 저 문제를 해결하면 이 문제가 터진다고 했습니다. 그러면서 "걱정도 근심도 없이 살 수 있는 곳은 없습니까?"라고 물었습니다.

그러자 노만 필 목사는 "이 세상에 걱정도 근심도 없이 살 수 있는 곳이 딱 한 곳 있습니다"라고 말해 주었습니다.

그 사람이 그곳을 알려달라고 애원을 하자 노만 필 목사는 주소를 적어주었습니다.

그 사람이 주소를 따라 찾아간 곳은 공동묘지였습니다.

사람이 살아있다는 것은 문제가 있다는 것이고, 문제를 해결해 나가는 것이 발전의 원동력입니다.

그러므로 성공하고 발전하는 사람은 많은 문제를 만난 사람이고 고난과 역경을 돌파하고 극복한 사람입니다.

문제를 만나면 걱정하지 마십시오. 걱정하고 염려하며 사는 것이 바로 죄악입니다.

예수님을 믿는 사람은 아무것도 염려하지 말라고 하십니다.

그러면 염려하지 말고 무엇을 하라는 것입니까?

감사한 마음으로 기도하십시오.

신앙 없이 살아가는 사람은 문제를 만나면 한숨 쉬고 근심부터 합니다.

그러나 신앙으로 살아가는 사람은 감사함으로 기도합니다.

왜냐하면 문제와 걱정거리는 망하는 것이 아니라 기도하여 하나님의 응답을 받는 축복의 기회가 되기 때문입니다.

문제가 생기면 걱정하지 말고 감사하십시오. 그리고 기도하십시오. 그러면 "모든 지각에 뛰어난 하나님의 평강이 그리스도 예수 안에서 너희 마음과 생각을 지키시리라"라고 했습니다.

하나님의 평강이 마음과 생각을 덮어주십니다

예수 믿는 사람은 큰 걱정과 문제 앞에서도 평안함으로 기다리며 살아갈 수가 있습니다.

왜냐하면 "하나님을 사랑하는 자 곧 그의 뜻대로 부르심을 입은 자들에게는 모든 것이 합력하여 선을 이루어 주시는"(롬 8:28) 하나님이 계시기 때문입니다.

예수님을 믿을수록 내 자신과의 관계는 기쁨으로 충만하게 됩니다.

나를 위해서 예수님이 십자가에서 죽으시고 내 죄를 용서하셨다, 내가 구원받았다, 내 이름이 하늘에 기록되어 있다는 기쁨을 가지고 살아갑니다.

또한 다른 사람들과의 관계에 있어서도 용서하고, 받아주고, 넓고 큰마음으로 너그럽게 살아갑니다.

기쁨으로 살고, 큰마음으로 살고, 감사함으로 기도하며 살아갈 때 하나님의 평강의 복이 우리 생각과 마음과 삶을 주장하십니다.

13장 사슴이 시냇물을 찾듯이

먼저 말씀을 읽고 묵상하십시오.

시편 42편 1-11절

1. 하나님이여 사슴이 시냇물을 찾기에 갈급함 같이 내 영혼이 주를 찾기에 갈급하니이다
2. 내 영혼이 하나님 곧 살아 계시는 하나님을 갈망하나니 내가 어느 때에 나아가서 하나님의 얼굴을 뵈올까
3. 사람들이 종일 내게 하는 말이 네 하나님이 어디 있느뇨 하오니 내 눈물이 주야로 내 음식이 되었도다
4. 내가 전에 성일을 지키는 무리와 동행하여 기쁨과 감사의 소리를 내며 그들을 하나님의 집으로 인도하였더니 이제 이 일을 기억하고 내 마음이 상하는도다
5. 내 영혼아 네가 어찌하여 낙심하며 어찌하여 내 속에서 불안해 하는가 너는 하나님께 소망을 두라 그가 나타나 도우심으로 말미암아 내가 여전히 찬송하리로다
6. 내 하나님이여 내 영혼이 내 속에서 낙심이 되므로 내가 요단 땅과 헤르몬과 미살 산에서 주를 기억하나이다
7. 주의 폭포 소리에 깊은 바다가 서로 부르며 주의 모든 파도와 물결이 나를 휩쓸었나이다
8. 낮에는 여호와께서 그의 인자하심을 베푸시고 밤에는 그의 찬송이 내게 있어 생명의 하나님께 기도하리로다
9. 내 반석이신 하나님께 말하기를 어찌하여 나를 잊으셨나이까 내가 어찌하여 원수의 압제로 말미암아 슬프게 다니나이까 하리로다
10. 내 뼈를 찌르는 칼 같이 내 대적이 나를 비방하여 늘 내게 말하기를 네 하나님이 어디 있느냐 하도다
11. 내 영혼아 네가 어찌하여 낙심하며 어찌하여 내 속에서 불안해 하는가 너는 하나님께 소망을 두라 나는 그가 나타나 도우심으로 말미암아 내 하나님을 여전히 찬송하리로다

　　　　　　　　푹푹 찌는 무덥고 뜨거운 여름날이었습니다. 한 마리의 암사슴이 시원한 물을 먹고 싶어 헐떡거리며 물을 찾고 있습니다. 혀는 입천장에 눌어붙고 목은 타들어 갑니다. 언덕배기를 뛰어넘고 골짜기를 달려 내려가 벌컥벌컥 마시고 마셔도 다함이 없는 시냇물을 찾기에 갈급합니다.

　목이 마른 사슴, 그것도 새끼에게 젖을 주어야 하는 암사슴입니다. 사슴의 주둥이가 말라가고 젖통이 쭈글쭈글 말라붙습니다.

　언덕을 넘고 넘어도 들판을 건너고 또 건너도 시냇물은 보이지 않습니다. 골짜기마다 흐르던 시냇물은 말라버렸습니다. 깊은 산속 바위 밑에 솟아나던 옹달샘도 말라버린 지 오래입니다.

　암사슴은 이리 뛰고 저리 달리며 물을 찾았지만 찾지 못하고 지쳐버립니다. 가느다란 다리는 비틀비틀 후들거리고 목을 길게 뻗은 채

쓰러져버리고 맙니다.

한 모금의 물을 찾아 그렇게도 간절히 애태우며 괴로워하는 이 가련한 암사슴을 오늘의 말씀을 받은 시인은 보았습니다. 그리고 최후의 순간까지 한 모금의 물을 찾아 애태우다가 간절한 욕망을 남겨놓고 쓰러져가는 암사슴의 가련한 모습에서 자신의 인생을 바라보고 있습니다.

세상을 살아가는 많은 사람들 중에 어느 인간을 아름답다고 하겠습니까?
목마른 사슴이 시냇물을 찾아 달리고 뛰며 애태우듯이, 이 말씀은 하나님에 대하여 목이 말라 간절히 사모하는 그 영혼이야말로 진정한 아름다움이고 거룩한 모습임을 드러내주고 있습니다.

사람의 아름다움은 무엇입니까?
진리를 간절히 사모하여 애태울 때, 그리고 땀을 흘리고 눈물을 흘리며 씨를 뿌리고 어두운 밤을 뜬눈으로 밝히며 동녘이 밝아오는 새벽을 기다릴 때, 여기에 인간 삶의 아름다움이 있지 않겠습니까?

명예와 지위, 권력이나 장수, 부귀와 영화를 갈구하는 마음보다 하나님을 사모하고 주님의 신령한 은혜를 목말라 갈급해하는 그 영혼이야말로 얼마나 아름답습니까?

이 아름다운 영혼의 갈증 때문에 어둡고 지루하고 목마른 세상에서도 인간의 삶은 계속 가능할 수가 있으며 마지막날의 영광을 포기하지 않고 기다릴 수가 있습니다.

하나님에 대한 목마름이 끝나는 날에 인간의 영혼과 삶도 함께 끝나버리고 맙니다. 그러나 하나님에 대한 목마름이 계속되는 한 인간 세상을 살면 살수록, 더욱더 하나님에 대한 갈증이 갈급하면 갈급할수록 진정 아름다운 사람, 승리의 사람으로 하나님께서 세워주실 것입니다. 세상을 살면서 저 하늘에 대한 그리움이 짙어져야 합니다.

시편 42편을 기록한 다윗은 지금 말로 다할 수 없는 답답한 시간을 만났습니다.

구약 성경 사무엘하 13장에는 다윗 가문의 비극적인 이야기가 숨김없이 기록되어 있습니다.

다윗에게는 압살롬이라는 아들이 있었고 누이동생 다말이 있었습니다. 그런데 이복형제인 다윗의 또 다른 큰아들 암논이 이복누이 다말을 강간합니다. 이 사실을 안 압살롬은 암논에게 잔치를 베풀어 술에 취하게 한 다음 죽여버렸습니다.

형제들 간의 수치스러운 사건과 칼부림의 복수극은 이것으로 끝나지 않았습니다. 압살롬은 신하 아히도벨과 공모하여 군대를 모아 아버지 다윗의 왕권을 차지하기 위해 반역을 일으킵니다.

다윗 왕은 자식의 칼날을 피해 울면서 도피하는 신세가 되었습니다.

사무엘하 15장 14절에는 "다윗이 예루살렘에 함께 있는 그의 모든 신하들에게 이르되 일어나 도망하자 그렇지 아니하면 우리 중 한 사람도 압살롬에게서 피하지 못하리라"고 했습니다. 그래서 "온 땅 사람이 큰 소리로 울며 모든 백성이 앞서 건너가매 왕도 기드론 시내를 건너가니 건너간 모든 백성이 광야 길로 향하니라"(삼하 15:23). "다윗이 감람 산 길로 올라갈 때에 그의 머리를 그가 가리고 맨발로 울며 가고 그와 함께 가는 모든 백성들도 각각 자기의 머리를 가리고 울며 올라가니라"(삼하 15:30)라고 했습니다.

시편 42편을 기록한 다윗은 잘못이 없는 사람이 아니었습니다. 문제가 없는 사람이 아니었습니다. 그럼에도 불구하고 다윗은 하나님의 사람이었고 하나님을 드러내 보이는 사람이었습니다.

시편 42편은 다윗 왕이 노년의 때에 아들 압살롬의 반란으로 자식 새끼에게 쫓겨 눈물을 흘리며 맨발로 도망하여 광야 어느 골짜기에 피신하여 숨어 있을 때 기록한 말씀입니다. 다윗은 한숨을 쉬며 인간 삶의 한없는 비극을 눈물로 받아 말씀을 기록합니다.

"하나님이여! 사슴이 시냇물을 찾기에 갈급함 같이 내 영혼이 주를 찾기에 갈급하니이다"(시 42:1)

지금 하나님을 찾고 부르는 것은 해도 되고 안 해도 되는 일이 아니었습니다.

목말라 지쳐 쓰러져가는 사슴에게는 오직 한 모금의 물이 필요하듯이, 다윗에게는 오직 하나님의 은혜만이 바싹 타들어가는 목에 한 모금의 생수처럼 절실한 시간이었습니다.

다윗은 왕이었지만 목이 말랐습니다. 다윗은 장군이었지만 울어야 했습니다. 다윗은 부자였지만 가슴을 쳐야 했습니다.

다윗을 흐느껴 울게 만든 것은 원수들의 빈정대는 소리였습니다.

"사람들이 종일 내게 하는 말이 네 하나님이 어디 있느뇨 하오니 내 눈물이 주야로 내 음식이 되었도다"(시 42:3)

"내 뼈를 찌르는 칼 같이 내 대적이 나를 비방하여 늘 내게 말하기를 네 하나님이 어디 있느냐 하도다"(시 42:10)

다윗은 눈물이 주야로 음식이 되고 비수로 뼈를 찌르는 것 같은 고통을 느낍니다. 다윗은 "네가 믿는 하나님이 도대체 어디 있느냐?"라고 빈정대고 비웃는 대적들의 소리에 견딜 수 없는 고통을 느끼며 비명의 눈물을 쏟고 있습니다.

지금 한숨 쉬고 있습니까? 무너졌습니까? 망했습니까? 가능성이 보이지 않습니까? 홀로 울고 있습니까? 세상살이 미련 없이 홀로 떠나고 싶습니까?

사람들이 무엇이라 하던가요?

"하나님을 믿는 사람이 왜 그래?"

"네가 믿는 하나님이 어디 있어?"

사람들의 빈정대는 소리에 정말 창공을 휘둘러보며 하나님을 찾아보지 않았습니까?

저 사람은 하나님 없이도 잘 사는데 나는 이게 무엇인가? 기구한 운명이라 비명을 지르지 않았습니까?

오늘 우리에게만 이 눈물과 뼈를 삭히는 고통이 있는 것이 아니었습니다. 이미 하나님의 마음에 합하였던 다윗에게도 오래전에 이 눈물과 괴로움은 있었습니다. 이때 다윗은 어떻게 했습니까?

다윗은 울고만 있지 않았습니다. 앉아서 울기만 한다고 문제가 해결되는 것은 아닙니다. 괴로워하며 가슴을 쥐어뜯고 몸부림을 친다고 사건이 풀어지는 것도 아닙니다.

다윗은 고개를 들고 눈을 열었습니다. 그리고 살아계신 하나님을 갈망합니다.

"내 영혼이 하나님 곧 살아 계시는 하나님을 갈망하나니"(시 42:2)

다윗은 살아계신 하나님을 믿었습니다. 다윗의 하나님은 살아계신 하나님이었습니다.

오늘 여러분과 제가 찾아나온 하나님은 살아계신 하나님이십니다.

불러도 대답이 없는 신이 아니라 부르면 응답하시는 하나님!

상한 마음을 싸매시는 하나님!

병든 몸을 고쳐주시는 하나님!

환난에서 구원하시는 하나님!

홍해 바다는 가르고 여리고성은 무너뜨리는 살아계신 하나님!

하나님은 살아계십니다.

살아계신 하나님이 지금 내가 부르고 있는 하나님이십니다.

루터는 언제나 우울하고 기운 없이 낙심 속에서 살았다고 합니다. 그럴 때마다 믿음이 좋은 그의 아내는 기도해주었고 위로해주었습니다.

어느 날 루터가 낙심하고 우울하고 짜증스러운 모습으로 기운 없이 집에 돌아와 한숨을 푹 쉬며 주저앉았습니다. 이때 그는 자기 아내가 상복을 입고 매우 슬픈 얼굴로 울고 있는 것을 보았습니다.

루터는 "여보! 누가 죽었소?"라고 물었습니다.

아내는 울먹이면서 이렇게 말했습니다.

"우리의 주님이신 하나님이 죽으셨어요. 그래서 저는 이렇게 슬퍼하고 있는 거예요. 하나님이 죽으셨으니까 당신의 마음과 얼굴이 그렇게 늘 슬픔과 한숨으로 덮여 있는 것 아니겠어요. 하나님이 살아계신다면 살아계신 하나님을 믿는 당신이 그렇게 슬프고 괴로워하지는 않겠지요?"

이 말을 들은 루터는 하나님이 죽으셔서 안 계신 것처럼 근심과 불안과 절망으로 살아온 슬픈 날들에서 벗어나 살아계신 하나님 앞에 기쁘고 즐거운 소망과 능력의 삶을 살아 종교개혁을 주도했다고 하는 이야기가 있습니다.

살아계신 하나님에 대한 갈망!
이것이 다윗의 위대한 믿음이었습니다.
다윗은 도우시는 하나님에게 감사했습니다.
"내 영혼아 네가 어찌하여 낙심하며 어찌하여 내 속에서 불안해 하는가 너는 하나님께 소망을 두라 그가 나타나 도우심으로 말미암아 내가 여전히 찬송하리로다"(시 42:5)

한없는 절망에 빠져 들어갈 때가 있습니다. 저절로 한숨이 가슴속 에서 터져 나올 때가 있습니다. 하나님이 나를 떠나시고 세상도 나를 버린 것처럼 여겨질 때가 있습니다.
세상에서 고독한 자는 나뿐이고 불행한 사람은 나뿐인 것 같습니 다. 그러나 아닙니다.

다윗은 낙망을 이겨냈습니다. 절망을 극복했습니다. 불안과 슬픔 을 몰아냈습니다. 비극을 뛰어넘었습니다.
살아계신 하나님을 믿고 바라볼 때 하나님은 도와주시기 때문입 니다.

"너는 하나님께 소망을 두라 그가 나타나 도우심으로 말미암아 내가 여전히 찬송하리로다"(시 42:5)

하나님은 소망을 두고 살아가는 사람을 도와주십니다.

노아를 도와주시고 구원해주셨습니다.

아브라함을 도와주셔서 자식을 낳고 복을 받게 하셨습니다.

야곱을 도와주셔서 이스라엘이 되게 하셨습니다.

요셉을 도와주셔서 감옥에서 건져 애굽의 총리가 되게 하셨습니다.

모세를 도와주셔서 나일 강에서 살려주셨습니다.

이스라엘 백성을 도와주셔서 가나안 땅을 차지하게 하셨습니다.

베드로를 도와주셨고 바울을 평생 도와주셨습니다.

죽은 자를 도와주사 살려주셨고 문둥이를 도와주사 고쳐주셨고 병든 자를 도와주사 치료하셨습니다.

죄인을 도우시고 용서하시기 위해 살을 찢으시고 보배 피를 흘려주신 주님이십니다. 멸망 받아 지옥에 갈 자를 구원해주시기 위해 십자가에서 죽으신 주님이십니다. 죄 많은 인생이지만, 허물과 흠집투성이의 사람이지만 주님은 도와주시기 위해 주저하시거나 머뭇거리신 적이 한 번도 없으십니다.

다윗은 시편 42편 8절에 "낮에는 여호와께서 그의 인자하심을 베푸시고 밤에는 그의 찬송이 내게 있어 생명의 하나님께 기도하리로다"라고 했습니다.

인간 삶을 사람답게 살아가는 사람은 하나님께서 살아계시기에 낙망하지 않는 사람입니다. 그리고 살아계신 하나님에 대한 갈급함을 가지고 갈증이 나는 목마른 사람으로 살아가는 사람입니다.

하나님은 목마른 사슴이 시냇물을 찾듯이 하나님을 목말라 하는 사람에게 오십니다.

하나님이 목마른 사람, 하나님이 그립고 그리워 날마다 목이 타들어가는 사람, 하나님에 대한 갈증으로 견딜 수 없는 비명을 지르며 세월을 살아가는 사람, 이 사람이 하나님의 사람입니다.

"내 영혼아 네가 어찌하여 낙심하며 어찌하여 내 속에서 불안해하는가 너는 하나님께 소망을 두라 나는 그가 나타나 도우심으로 말미암아 내 하나님을 여전히 찬송하리로다"(시 42:11)

세상 다하는 날까지 이 노래를 부르며 살고 싶습니다.

"하나님을 목이 타게 구하는 이여! 그대는 이 지상에서 가장 아름다움을 소유하고 노래하는 자이니라."

14장

결코 망하지 않는 사람

먼저 말씀을 읽고 묵상하십시오.

사무엘하 22장 1-7절

1. 여호와께서 다윗을 모든 원수의 손과 사울의 손에서 구원하신 그 날에 다윗이 이 노래의 말씀으로 여호와께 아뢰어

2. 이르되 여호와는 나의 반석이시요 나의 요새시요 나를 위하여 나를 건지시는 자시요

3. 내가 피할 나의 반석의 하나님이시요 나의 방패시요 나의 구원의 뿔이시요 나의 높은 망대시요 그에게 피할 나의 피난처시요 나의 구원자시라 나를 폭력에서 구원하셨도다

4. 내가 찬송 받으실 여호와께 아뢰리니 내 원수들에게서 구원을 받으리로다

5. 사망의 물결이 나를 에우고 불의의 창수가 나를 두렵게 하였으며

6. 스올의 줄이 나를 두르고 사망의 올무가 내게 이르렀도다

7. 내가 환난 중에서 여호와께 아뢰며 나의 하나님께 아뢰었더니 그가 그의 성전에서 내 소리를 들으심이여 나의 부르짖음이 그의 귀에 들렸도다

제가 사는 집 앞에는 감나무 한 그루가 있습니다. 지난여름에는 노란 감꽃이 셀 수도 없이 피어서 올해는 감이 많이 열리겠구나 생각했습니다.

그런데 한여름이 가고 가을이 오기 전에 절반 이상의 꽃이 떨어지고 말았습니다. 그래도 손가락 마디만 한 알맹이를 만들어놓고 시들어가는 꽃들이 많았습니다. 제법 호두알만 한 땡감들이 가지마다 잎사귀에 받쳐 단단하게 매달려 있었습니다.

그러나 어두운 하룻밤이 지나면 수도 없이 떨어져버리고 말았습니다. 이전 같으면 물통에 담갔다가 우려서 먹기에 딱 좋을 만한 땡감이었습니다.

바람 불면 떨어지고 비가 지나가면 떨어지더니 이제는 귀퉁이 가지 끝에 간신히 하나만 매달려 있습니다.

저는 아침마다 창문을 열고 떨어져 나가는 감나무 열매들을 보면서 마치 인생살이도 이와 같다고 생각했습니다.

어떤 사람은 꽃도 피기 전에 떨어져버립니다. 어떤 사람은 지나가는 하룻밤의 비바람에 땡감 떨어지듯 살아보지도 못하고 죽습니다. 누렇게 익어가다 떨어지기도 하고, 다 왔나 싶어 이제는 좀 쉬어야겠다고 마음 놓는 순간에 생명이 끝나는 사람도 있습니다.

끝까지 살아남고 싶은 마음이야 누구인들 없겠습니까?

저는 뜨거운 여름 햇빛, 가을비, 캄캄한 바람에도 견디고 또 견뎌서 끝까지 붙어있는 저 감나무의 열매처럼 그렇게 살아남아야 하겠다고 생각했습니다. 도중에 떨어지지 말고 끝까지 가기를 바랐습니다. 도중에 망하지 말고 끝까지 살아남기를 소원했습니다. 이지러지고 못생겨도 문제가 되지 않습니다. 끝까지 믿음의 자리를 지키다가 주님의 나라에 가고 싶습니다.

바람이 불고 천둥 치고 비바람 몰아치듯이 이 세상은 마치 전쟁을 방불케 하는 싸움터입니다. 쫓고 쫓기며, 따지고 덤비며 아우성입니다.

죽고 죽이는 숨 돌릴 새 없는 세상의 싸움터 한복판에서 끝까지 죽지 않고 살아남은 한 사람을 우리는 성경에서 발견합니다. 그 인물은 바로 다윗입니다.

다윗은 칠십 평생을 전쟁으로 보낸 사람입니다. 제 발로 땅을 밟고 걷기 시작할 때부터, 베들레헴의 들판에서 아버지의 양을 지키면서부터 싸움이 시작되었습니다.

"아버지의 양을 지킬 때에 사자나 곰이 와서 양 떼에서 새끼를 물어가면 내가 따라가서 그것을 치고 그 입에서 새끼를 건져내었고 그것이 일어나 나를 해하고자 하면 내가 그 수염을 잡고 그것을 쳐죽였나이다"(삼상 17:34-35)

사자의 입을 찢어야 살 수 있었습니다. 곰의 발톱을 꺾어야 살 수 있었습니다.

다윗은 어린 나이에 목동으로 싸움판에 뛰어들었습니다.

이스라엘이 블레셋과 한창 전쟁하는 중에 싸움에 출전한 형들을 위문하러 갔다가 적장 골리앗을 때려죽임으로 본격적인 전쟁 인생이 시작됩니다. 전쟁은 잘 사느냐 못 사느냐의 문제가 아니라 죽느냐 사느냐의 문제입니다.

전쟁에 승리하여 사울의 발탁으로 왕궁에 들어온 다윗은 엄청난 인생 전쟁을 치르게 됩니다. 다윗의 인기가 올라가고 백성들의 칭송을 받게 되자 시기심이 끓어오른 사울이 전쟁을 걸어왔습니다.

사람이 사는 곳이면 어느 곳이나 싸움이 있습니다. 사람이 사는 세상은 잘해도 시기의 화살을 받고, 못하면 못하기 때문에 멸시의 칼을 받는 전쟁터입니다.

사울은 딸 미갈을 주어 다윗을 사위로 삼았습니다. 그러나 여전히 사울은 다윗을 죽이려고 칼을 갈고 창을 던졌습니다(삼상 19:10). 살아남기 위한 싸움은 가릴 것이 없습니다. 아비가 자식에게 싸움을 걸었습니다.

여자와 남자가 싸우고, 아버지와 아들이 싸우고, 선생님과 학생이 싸웁니다. 사장과 직원이 싸우고, 시어머니와 며느리가 싸웁니다.

사울은 왕권을 지키려고 자식 같은 사위를 죽이려고 합니다. 빗나간 욕망이었습니다. 자식을 죽여서라도 권력을 지킬 수만 있다면 자식의 가슴에 비수를 던지는 것이 사울이었습니다.

다윗은 살아남기 위하여 이른 새벽에 창문으로 몸을 피신합니다. 미갈은 우상을 만들어 염소가죽을 씌워 다윗이 누웠던 침상에 누이고 친정아버지 사울이 자기 남편 다윗을 죽이려고 보낸 자객들로부터 죽음을 면하게 합니다. 시집간 딸과 친정아버지가 싸우는 인간 세상입니다.

다윗은 쫓고 쫓기는 죽음의 위협 속에서 "나와 죽음의 사이는 한 걸음뿐"(삼상 20:3)이라고 탄식합니다. 세상은 한없이 넓고 넓지만 그 작은 한 몸을 숨길 만한 안전한 곳을 찾을 수가 없었습니다.

다윗은 가드 왕 아기스가 있는 적진으로 도망을 했으나 아기스의 신하들은 그가 이스라엘의 용장 다윗인 것을 알아차렸습니다. 다윗은 원수의 소굴에서 꼼짝없이 죽게 되었습니다. 그러나 다윗은 왕실 문 앞에서 수염에 침을 흘리며 미친 짓을 하여 위기를 벗어났습니다(삼상 21:13-15).

사울은 삼천 군사를 거느리고 들판으로 굴속으로 황무지로 피하여 다니는 다윗을 찾아 추격합니다. 그러나 아무리 사울이 군사를 풀고 칼을 휘두르고 창을 번뜩이지만 다윗을 쓰러뜨리지 못했습니다. 다윗은 죽지 않았습니다. 다윗은 용케도 그 위기에서 살아났습니다.

오히려 칼을 빼고 싸움을 걸어왔던 사울이 망했습니다.

블레셋과의 길보아산 전투에서 사울과 그의 세 아들 요나단과 아비나답과 말기수아가 함께 거꾸러져 죽어버렸습니다(삼상 31:2).

사울이 제 손에 든 칼에 엎어져 배가 터져 죽자 블레셋 사람들은 사울의 머리를 베고 그 시체를 불태워 버렸습니다.

사울이 죽고 다윗이 이스라엘 왕이 되었을 때 다윗은 전쟁부터 치러야 했습니다. 다윗은 예루살렘으로 가서 여브스족을 쳐부수고 시온성을 정복하여 다윗성이라 불러(삼하 5:7) 왕국의 수도로 삼았습니다.

사무엘이 다윗에게 기름을 부어 이스라엘 왕을 삼았다는 소식을 듣고 블레셋이 두 번이나 싸움을 걸어왔습니다(삼하 5:17).

다윗은 여호와 하나님의 명대로 행하여 블레셋을 쳐부수고 연거푸 승리를 거두었습니다(삼하 5:25).

다윗은 모압과의 전쟁에서 또 이겼습니다. 그리고 모압에게 조공을 바치게 했습니다(삼하 8:2).

다윗은 르홉의 아들 소바 왕 하닷에셀과의 전쟁에서 또 이겼습니다. 그리고 마병 1700명, 보병 이만 명을 사로잡고 병거 100승을 노획하였습니다(삼하 8:3-4).

다메섹의 아람 사람들이 소바 왕 하닷에셀을 도우려고 다윗에게 싸움을 걸어왔습니다. 그러나 다윗은 아람 사람 이만 이천 명을 쳐 죽였습니다. 아람 사람이 다윗의 종이 되어 조공을 바쳤습니다(삼하 8:5-6).

하맛 왕 도이는 다윗이 하닷에셀을 굴복시켰다는 소리를 듣고 싸움을 할 것도 없이 그의 아들 요람을 다윗에게 보내어 금과 은을 바치며 항복해버렸습니다. 다윗은 싸우지 않고도 전쟁에서 이겼습니다.

또 다윗은 소금 골짜기에서 에돔과 전쟁하여 에돔 사람 일만 팔천 명을 쳐 죽이고 승리합니다.

다윗은 싸울 때마다 이기고 또 이겼습니다.

다윗에게 싸움을 걸어온 자는 외적만이 아니었습니다.

다윗이 그술 왕 달매의 딸 마아가를 통하여 얻은 셋째 아들 압살롬이 반역을 일으켰습니다. 아들의 칼날을 피하여 다윗은 눈물을 쏟으며 기드론 시내를 지나 광야로 피난을 가는 수난을 당했습니다(삼하 15:23).

다윗은 사랑하는 자식에게 쫓겨 감람산 길로 올라갈 때에는 얼굴을 똑바로 들지 못하고 머리를 가리우고 신을 신지 않고 맨발로 울며 올라갔다(삼하 15:30)고 했습니다.

권세가 무엇이며 재물과 영화가 도대체 무엇이기에 이렇게 아버지의 목숨까지도 서슴없이 죽이겠다고 칼을 들고 나서는 것입니까?

다윗의 군대는 압살롬의 군사를 에브라임 수풀에서 진압합니다. 뿐만 아니라 압살롬은 노새를 타고 가다가 상수리나무에 머리털이 걸려 공중에 달리고 그가 탔던 노새는 그 아래로 빠져나갑니다. 나무에 매달린 압살롬의 심장을 요압의 칼이 찌르니 그의 생애는 그것으로 끝나버렸습니다.

외적이 됐던 내적이 됐던 다윗에게 싸움을 걸어온 자는 다 망했습니다.

사무엘하 22장 말씀은 다윗이 살아온 전쟁의 날을 회상하며 그 위기와 사망의 계곡에서도 죽지 않고 살려주신 하나님의 놀라운 은혜를 승리의 노래로 엮어 주님께 불러드리는 찬양입니다.

살아남았다는 것이 꿈만 같고 기적입니다. 거인 골리앗은 죽었지만 다윗은 끝까지 살아남았습니다. 사울과 그 권세는 망해버렸지만 다윗은 끝까지 살아있습니다. 수없는 대적들은 온데간데없지만 다윗은 여전히 당당합니다. 아들 압살롬도 다윗 앞에서는 죽어버리고 말았습니다.

인간 역사 속에는 전쟁이 끝없이 일어납니다. 가진 자는 더 많이 가지려고 싸웁니다. 못 가진 자는 가져보려고 싸웁니다. 그러나 다윗의 전쟁은 인간의 더러운 탐욕에서 나온 소유권을 놓고 다투는 전쟁이 아니었습니다.

다윗을 끝까지 살아남게 하신 하나님의 뜻이 무엇입니까?

다윗의 전쟁은 하나님의 정의를 위한 싸움이었습니다

다윗이 전쟁터에서 죽지 않고 끝까지 살아남을 수 있었던 것은 자기의 욕망을 위한 싸움이 아니라 하나님을 위한 싸움이었기 때문입니다.

"여호와께서 내 공의를 따라 상 주시며 내 손의 깨끗함을 따라 갚으셨으니"(삼하 22:21). 또 "자비한 자에게는 주의 자비하심을 나타내시며 완전한 자에게는 주의 완전하심을 보이신다"(삼하 22:26)고 확신한 것입니다.

하나님은 하나님의 정의를 위해서 싸우는 다윗을 어느 곳에서든지 살려주셨습니다. 다윗은 하나님의 정의를 위해서 싸웠습니다.

다윗의 전쟁은 자기 욕심 때문에 칼을 갈고 활을 당기는 것이 아니었습니다. 하나님은 인간의 불의를 타도하고 하나님의 정의를 세우기 위해 전쟁을 일으키십니다. 불법과 죄악을 멸하고 믿음과 평화를 이루기 위하여 하나님은 싸우게 합니다.

세상살이는 전쟁입니다. 학교에서, 직장에서, 나라 안팎에서 전쟁을 하고 있습니다. 어떤 사람은 정의를 위해서 싸우고, 어떤 사람은 정의인지 불의인지 분별없이 싸우고, 어떤 사람은 불의 편에서 싸웁니다.

어느 곳에서 무슨 싸움이든지 교회와 그리스도인은 정당한 것이 이기게 해야 합니다. 끝까지 살아남는 복을 받으려면 정의 편에서 옳은 것이 승리하도록 싸워야 합니다.

성경은 "다윗이 모든 백성에게 정의와 공의를 행할새(삼하 8:15) 다윗이 어디로 가든지 여호와께서 이기게 하시니라"(삼하 8:6)라고 증언하고 있습니다.

불의한 자는 멸망하는 것이 하나님의 섭리입니다

악인은 사자같이 날뛰지만 반드시 거꾸러집니다. 악인이 형통하고 불의가 승리한다면 인간의 역사에는 소망이 없습니다. 그러나 예외 없이 불의한 자는 망합니다.

사울이 거꾸러지고 아브넬이 망하고 골리앗이 죽고 압살롬도 죽었습니다. 오직 살아남은 사람은 다윗뿐이었습니다. 하나님 편에 선 사람들은 하나님께서 반드시 살려주십니다.

다윗이 살아남은 것은 장군이었기 때문입니까? 왕이었기 때문입니까? 아닙니다. 다윗보다 힘센 장군도 죽임을 당했습니다. 다윗보다 더 위대한 왕도 망했습니다. 다윗이 끝까지 살아남은 것은 하나님을 위해서 싸웠기 때문입니다.

우리는 사는 것을 마치 전쟁하듯 합니다. 사업하는 것도 그렇고, 학생이 공부하는 것도 그렇고, 직장생활도 그렇습니다. 엎치락뒤치락, 솟았다 잠겼다 정신없이 살아갑니다.

그러나 하나님을 위해서 하는 정당한 사업은 끝까지 살려주십니다. 하나님을 위해서 하는 공부는 반드시 이기게 해주십니다. 하나님의 공의를 지키고 옳은 것을 주장하면 하나님은 반드시 우리를 일으켜 세워주십니다.

하나님은 여당도 야당도 아닙니다. 정의를 위해서 싸우는 자의 편이십니다. 하나님은 목사 편도 집사 편도 아니십니다. 하나님의 뜻을 위해서 양심을 지키는 자를 도와주십니다. 하나님께서는 하나님의 뜻대로 십자가를 지는 자의 편에 서서 역사를 만들어가십니다.

불의한 부자는 반드시 망합니다. 불의한 권력자나 정부는 반드시 심판을 받습니다. 이것이 하나님의 뜻입니다.

로마제국이 이스라엘을 멸망시켰을 때 로마 시내에는 개선문이 세워지고 승리를 축하하는 금화를 만들었습니다. 그 화폐에는 라틴어로 '유데아 데비크다', '유데아 카프나'라는 글자를 새겨넣고 로마 병사의 발아래 무릎을 꿇고 있는 유대인 부인의 모습을 새겨넣었습니다. '유데아 데비크다'는 '유대인을 쳐 부수었다'라는 뜻이고, '유데아 카프나'란 '유대인을 잡았다'라는 뜻입니다.

이때부터 유대인들은 전 세계에 흩어져 지구촌의 고아로 방황해야 했고 로마인들은 승리의 달콤한 술에 취했습니다. 그러나 2천 년이 지난 오늘 로마제국의 영광은 간곳없지만 유대인은 세계사의 중심으로 살아남았습니다.

끝까지 하나님께서 살려두시는 자, 살아남은 자들은 하나님의 정의를 위해서 살아온 자들입니다. 작은 것이라도 정의 편에 서십시오.

세상의 불의와 인간의 죄악은 진리이신 예수님을 십자가에 죽였지만 하나님은 다시 살려주셔서 오늘도 우리와 함께하십니다. 가난하고 힘은 없지만 하나님의 진리의 말씀대로 사는 자의 희망이 바로 여기에 있습니다.

꽃이 피었으면 높고 맑은 가을날의 탐스러운 열매까지 가야 됩니다. 세상 안에 한 사람으로 살아야 할 삶을 허락받았다면 왜 살았는지에 대한 열매를 맺혀놓아야 합니다.

지금 숨 쉬고 여기 살아있음은 하나님께서 살려주시는 은혜를 주셨기 때문입니다. 다윗처럼 인생의 마지막날까지 살아남아 승리의 노래를 함께 부르고 싶습니다.

"여호와는 나의 반석이시요 나의 요새시요 나를 위하여 나를 건지시는 자시요 내가 피할 나의 반석의 하나님이시요 나의 방패시요 나의 구원의 뿔이시요 나의 높은 망대시요 그에게 피할 나의 피난처시요 나의 구원자시라 나를 폭력에서 구원하셨도다"(삼하 22:2-3)

15장 슬퍼할 것 없습니다

먼저 말씀을 읽고 묵상하십시오.

로마서 14장 7-12절

7. 우리 중에 누구든지 자기를 위하여 사는 자가 없고 자기를 위하여 죽는 자도 없도다

8. 우리가 살아도 주를 위하여 살고 죽어도 주를 위하여 죽나니 그러므로 사나 죽으나 우리가 주의 것이로다

9. 이를 위하여 그리스도께서 죽었다가 다시 살아나셨으니 곧 죽은 자와 산 자의 주가 되려 하심이라

10. 네가 어찌하여 네 형제를 비판하느냐 어찌하여 네 형제를 업신여기느냐 우리가 다 하나님의 심판대 앞에 서리라

11. 기록되었으되 주께서 이르시되 내가 살았노니 모든 무릎이 내게 꿇을 것이요 모든 혀가 하나님께 자백하리라 하였느니라

12. 이러므로 우리 각 사람이 자기 일을 하나님께 직고하리라

인생을 일컬어 말하기를 이생이라 하지 않고 일생이라고 합니다. 사는 것이 한 번이요, 죽는 것도 한 번이라는 말입니다. 두 번 산다면 한 번 잘못 살면 다음에 잘 살 수 있는 기회가 있습니다. 한 번 아무렇게나 살아도 다음번에 보람 있게 살면 됩니다. 그러나 인간은 일생을 살 뿐입니다.

구약 성경에 이사야 선지자는 하나님의 말씀을 받아 외쳤습니다.

"모든 육체는 풀이요 그의 모든 아름다움은 들의 꽃과 같으니 풀은 마르고 꽃이 시듦은 여호와의 기운이 그 위에 붊이라 이 백성은 실로 풀이로다 풀은 마르고 꽃은 시드나 우리 하나님의 말씀은 영원히 서리라 하라"(사 40:6-8)

인생은 한여름에 잠깐 피었다가 가을 이슬이 내리면 저버리는 꽃입니다. 풀잎에 맺힌 이슬방울처럼 아차! 하는 순간 떨어지면 끝나버리는 존재가 인간입니다.

영국의 시인 토머스 그레이는 〈시골 묘지에서 읊은 만가〉라는 시에서 "가난하고 마음 아픈 사람들을 비웃지 말라. 영광의 길이란 모두 무덤으로 뻗어 있을 뿐 미인도 부자도 때가 오면 무덤을 만들리라"고 했습니다.

클레릿지라는 사람은 "인간은 홀로 홀로 모두가 다 홀로 이 넓고 넓은 바다 위에 떠 있는 썩은 나무토막 같은 존재"라고 했습니다.

정복과 지배를 위해서 한평생 칼을 휘두르며 살았던 나폴레옹은 쓸쓸한 세인트헬레나 섬에서 유형살이를 하며 이렇게 탄식했습니다. "저 출렁이는 대양은 서럽고 지친 인생들의 눈물이요, 저 불어오는 모진 바람은 괴로운 사람들의 한숨인가?"

무슨 말입니까? 나에게는 불가능이 없다고 떠들었던 용기와 힘의 사람 나폴레옹도 결국 실패했습니다. 피눈물을 흘리며 한숨을 쉬었습니다. 마치 고아처럼 비바람, 눈보라 몰아쳐도 갈 곳이 없고 마음 둘 곳 없는 황량한 사막의 한복판에 홀로 서 있는 나그네였습니다.

울어도 내 울음을 아파하는 어머니가 없는 고아와 같았습니다. 비 오는 밤에 어느 집 처마 밑에서 깡통을 들고 밤을 새워도 가슴 아파하는 사랑하는 이를 못 가진 헐벗은 고아였습니다.

하나님께서 바울 사도를 통하여 눈물겨운 말씀을 하십니다. 그것은 "사나 죽으나 우리가 주의 것이로다"(롬 14:8)라는 선언입니다. 썩은 나무토막 같은 내 인생이 하나님의 것이라는 말씀입니다. 아침 안개, 풀잎에 맺힌 이슬방울 같은 내 인생이 영원한 주님의 것이란 말씀입니다.

한 번 피었다가 지는 들판의 시들어가는 꽃잎 같은 인생, 밟히고 깨어진 길바닥의 풀잎 같은 내 인생이 천지와 만물을 한손에 쥐시고 움직이시는 주님의 것이란 말씀입니다.

"사나 죽으나 우리가 주의 것이로다"라는 말씀은 가슴 저미는 말씀이고, 눈물로 받는 말씀이고, 뼛속에 새겨주신 말씀입니다. 나를 지으신 분이 하나님이시고, 나를 인도하시는 분이 하나님이시고, 나를 지켜주시는 분이 하나님이시고, 지금도 나를 살피시며 함께하시는 분이 하나님이십니다.

나는 하나님의 것입니다. 나는 하나님의 뜻대로 지금 여기에 있는 사람입니다. 나는 하나님의 사랑을 받으며 살아왔고 사랑받을 사람이며 이렇게 영원을 살아갈 사람입니다.

나는 사나 죽으나 하나님의 것이기 때문입니다. 내 존재는 내것이 아니라 하나님의 것입니다. 나는 하나님의 것임을 믿고 말하며 살아가는 것이 신앙입니다. "나는 하나님의 것이다"라고 중얼거리며 세상을 살아가는 사람들이 그리스도인입니다.

그러기에 이사야는 "상한 갈대를 꺾지 아니하며 꺼져가는 등불을 끄지 아니하는 하나님!"(사 42:3)이라고 외쳤습니다.

세상은 약하고 힘이 없는 갈대를 짓밟고 꺾어버리지만 주님은 주님의 사람들을 붙들어 주십니다. 치료해 주십니다. 싸매 주시고 생명의 꽃을 피우게 하십니다.

세상은 모진 세파에 꺼져가는 등불을 아예 꺼버리지만 주님은 심지를 돋우어주시고 기름을 넣어주시며 비바람을 막아 불을 일으켜주십니다.

미국의 한 여기자가 마지막 노년에 이르러 지나온 생애를 생각하면서 기도를 하고 있었습니다. 기도를 하다가 깜빡 잠이 들었습니다. 파도가 넘실대는 해변가의 모래사장을 주님과 함께 걷고 있었습니다. 모래사장에는 주님 발자국과 자신의 발자국이 선명하게 박혀 있었습니다.

그런데 가끔 한 사람의 발자국이 보이지 않았습니다. 하나의 발자국만 보였던 순간은 인생을 살아오면서 가장 어렵고 힘들었던 순간이었습니다.

여기자는 주님께 물었습니다.

"주님! 평탄하고 좋을 때만 주님이 저와 동행하셨나요? 제가 어려움을 만나 고생하고 눈물을 흘릴 때는 어디에 계셨나요?"

그러자 주님께서는 이렇게 말씀하셨습니다.

"사랑하는 딸아! 네가 고생하고 어려워하며 슬퍼할 때는 내가 너를 업고 걷기도 하고 품에 안고 걸었기 때문에 한 사람의 발자국만 새겨진 것이란다."

슬퍼할 것 없습니다. 걱정할 것 없습니다. 우리가 고생이 심하고 어려움이 많으면 차라리 주님은 우리를 품에 안아주십니다. 사나 죽으나 우리는 주님의 것이기 때문입니다.

바울 사도는 "너희는 너희 자신의 것이 아니라 값으로 산 것이 되었으니 그런즉 너희 몸으로 하나님께 영광을 돌리라"(고전 6:19-20)라고 했습니다.

이사야 43장 1절에는 "너는 두려워하지 말라 내가 너를 구속하였고 내가 너를 지명하여 불렀나니 너는 내 것이라"고 했습니다.

이 땅에서 버림받는다 해도 외로워하고 슬퍼하지 마십시오. 땅 위에 내 나라가 없으면 하늘에 내 나라가 있고, 땅 위에 시민권이 박탈당하면 저 하늘나라의 시민권이 보장되어 있습니다. 이 땅에 내 집이 없으면 저 하늘에 내 집이 있고, 이 땅에 먹을 것이 없으면 저 하늘에 생명과가 있고, 이 땅에 입을 옷이 없으면 저 하늘에 세마포가 있습니다.

내 친구가 나를 버려도 주님은 나를 버리지 않으시고, 남들이 나를 무시한다 해도 주님은 나를 알아주시고, 나의 사정을 풀어주시고 도와주시는 아버지이고 어머니입니다.

"사나 죽으나 우리가 주의 것이로다."

우리는 어떻게 주님의 것이 되었습니까?

하나님은 거리에 버려진 나를 어쩌다 발견하여 주웠나요? 오다가 다 발에 차인 돌멩이 같은 존재였습니까?

어쩌다 우연히 주워서 얻은 것이라면 잃어버려도 본전이고, 공짜로 얻은 것이라면 하나둘 없어져도 상관없습니다.

그러나 하나님께서는 우리를 주님의 아들과 딸로 삼으실 때 우연히 거리에 버려진 고아들을 집에 데리고 들어가신 것이 아니라 엄청난 값을 주고 사셨습니다. "값으로 산 것이 되었으니 그런즉 너희 몸으로 하나님께 영광을 돌리라"(고전 6:20)라고 말씀하십니다.

값으로 사셨지만 그것은 싼 값이 아니었습니다. 싸구려 같으면 무엇이 그리 대단하겠습니까? 그러나 엄청난 값을 주셨습니다. 계산되지 않은 값을 지불하셨습니다.

그 값은 황금과 비교될 것이 아닙니다. 하나님은 하나밖에 없는 독생자 예수님을 내어주시고 여러분과 저를 사셨습니다.

이 세상에 아무리 귀중하고 소중하며 탐나는 것이 있다고 해도 아버지가 자기 외아들을 죽음에 내어주며 바꾸겠다고 하지는 않습니다. 하나님께서 외아들을 십자가에 못 박아 죽이시면서까지 얻으려고 하셨던 것이 무엇이었을까요?

모든 아버지, 어머니는 자식을 위하여 재물도 버리고, 명예도 권력

194

도 자기 생명까지 버리는 피 끓는 사랑으로 사랑하는 법인데, 도대체 하나님께서 하나밖에 없는 외아들을 죽음의 자리에 내어주시면서까지 얻으시려고 했던 그 존재가 도대체 무엇이었던가요?

우리는 거저 얻어진 존재가 아니라 엄청난 값을 지불하고 하나님의 자녀가 된 사람들입니다. 그러므로 예수님을 통해서 믿음의 눈으로 나를 볼 때는 엄청난 사랑을 받고 있는 자이지 시시한 사람이 아니라는 말씀입니다.

우리는 다른 사람이 말하는 나를 나로 보지 말고, 또한 내가 나를 보고 낙심하지도 말고, 오직 하나님이 보시는 그 마음과 눈으로 나를 보고 사람을 봐야 합니다.

프레데릭 레만 목사는 하나님의 사랑을 눈물로 찬송합니다.

"하늘을 두루마리 삼고 바다를 먹물 삼아도 한없는 하나님의 사랑 다 기록할 수 없겠네."

혼자 설 수 없는 지팡이는 주인의 손 안에 있어야 제 구실을 하는 것처럼 인간은 하나님의 손에 있어야 불안과 고독에서 벗어날 수 있습니다.

그리스도인이 된다는 것은 "사나 죽으나 나는 주님의 것이다"라고 믿고 선언하는 것입니다. 인간의 생사는 주님의 것입니다.

이 세상이 시끄럽고 실망스러운 원인은 하나님의 것이 되지 않고 자기가 자기의 것이 되거나 마귀의 것이 되었기 때문입니다. 인간이 절망하는 이유는 주님 것이 되지 못한 데 있습니다.

나에게 있는 모든 것은 다 주님의 것입니다. 나에게 고통이 있다 해도 이 고통은 주님의 것입니다. 나에게 기쁨이 있다 해도 이 기쁨은 주님의 것입니다. 사는 것도 주님의 것이고, 죽는 것도 주님의 것입니다. 슬퍼할 것 없습니다. 내가 주님의 것인데 왜 슬퍼합니까? 그것을 알았다면 이제부터 먹어도 먹는 이유가 있고 입어도 입는 이유가 있어야 하지 않겠습니까?

재산이 많은 아버지가 세상을 떠나자 아들은 묘를 만들고 비석을 세우려고 했습니다. 그런데 묘비에 쓸 말이 생각나지 않았습니다. 그래서 가장 친했던 아버지의 친구 분에게 부탁을 드렸습니다. 그분은 고개를 갸웃거리면서 한참을 생각하더니 "별로 쓸 말이 없네" 하고 '잘 먹고 잘 살다가 죽었다'라고 써 주었습니다.
잘 먹고 잘 살다가 죽었다는 말을 하나 남겨놓으려고 이 세상을 살아가는 것입니까?

하나님은 성경을 통해 사는 방법을 가르쳐주십니다. 그 말씀은 "살아도 주를 위하여 살고 죽어도 주를 위하여 죽으라"는 것입니다.
로마서 14장 6절에서 8절에 보면 '위하여'라는 말씀이 일곱 번이나 계속 반복됩니다. 여러분은 무엇을 위하여 살아왔습니까? 무엇을 위하여 그렇게 바쁘게 삽니까? 무엇을 위하여 그렇게 땀을 흘립니까?

개는 주인을 위하여 밤새 집을 지킵니다. 닭은 주인을 위하여 알을 낳습니다. 소는 주인을 위하여 일을 합니다. 그런데 하나님의 백성이 자기의 정욕과 욕심을 채우기 위하여 살아서야 되겠습니까? 주님을 위하여 살아야 합니다. 주님을 위하여 죽어야 합니다.

일을 해도 하나님을 위하여 일하고, 공부를 해도 하나님을 위하여 공부하고, 돈을 벌어도 하나님을 위하여 돈을 벌어야 합니다. 전도를 해도 하나님을 위하여 전도하고, 마지막 죽을 때도 하나님을 위하여 죽어야 합니다.

불의와 죄악이 가득한 세상에서 구원을 받은 노아는 하나님의 말씀을 위하여 살았습니다.

"노아가 여호와께서 자기에게 명하신 대로 다 준행하였더라"(창 7:5) 그 결과 노아는 구원을 받았습니다.

아브라함은 하나님께서 외아들 이삭을 바치라고 했을 때 사는 것도 죽는 것도 주의 것이라고 신앙의 결단을 했습니다. 주님의 말씀대로 순종했을 때 자식도 살고 위대한 믿음의 인물로 하나님의 역사 속에 세움을 받았습니다.

야곱은 20년의 머슴살이, 타향살이, 처가살이에 많은 재산을 얻었지만 한순간에 풍비박산이 날 위기에 처했습니다. 야곱은 사는 것도 죽는 것도 주님의 손에 달린 것임을 깨닫고 기도할 때 드디어 위기에서 살아남지 않았습니까?

요셉도 살고 죽는 것이 주님의 것이니 오직 주님을 위하여 살겠다고 행동했을 때 위기를 극복할 수 있었습니다.

요셉은 종으로 팔려갔지만 슬퍼하지 않았습니다. 억울한 누명을 쓰고 감옥살이를 했지만 괴로워하지 않았습니다. 왜냐하면 종살이도 주님의 것이고 감옥살이도 주님의 것이었기 때문입니다.

큰 축복을 받아 총리대신이 된 후에도 높고 좋은 자리에 앉았다 해서 교만하거나 횡포를 부리지 않았습니다. 왜냐하면 그 자리도 주님의 것이고 수많은 재물도 주님의 것임을 알았기 때문입니다.

요셉은 어느 곳에 있든지 오직 주님을 위하여 사는 데 최선을 다했습니다.

주님을 위하여 살아야 합니다. 그리스도인이 된다는 말은 주님의 것이 되는 신앙의 결단입니다. "사나 죽으나 나는 주님의 것"이라는 믿음만이 기쁨과 용기와 소망을 줍니다. 주님의 백성은 주님께서 돌보시고 필요한 것을 주시며 인도하십니다.

주님은 주님의 백성을 우울하게 만드시거나 침통하게 만드시는 분이 아닙니다. 오히려 사람을 명랑하게 하시고 활기 있게 해 주시며 소망과 위로가 넘치게 하시며 찬송이 흘러나오게 하십니다.

　오늘 우리는 우울하고 침통한 세상을 불안한 마음으로 살아갑니다. 사는 것도 피곤하고 죽는 것도 두렵습니다. 그러나 슬퍼할 것 없습니다.

　이제부터 "우리가 살아도 주를 위하여 살고 죽어도 주를 위하여 죽나니 그러므로 사나 죽으나 우리가 주의 것이로다"(롬 14:8)라는 신앙을 가지고 살아갈 때 솟구쳐 오르는 기쁨과 삶의 감격을 가질 수 있습니다. 그리고 나그네 인생길을 오늘도 내일도 유유히 걸어갈 수 있습니다.

바다와 인생

먼저 말씀을 읽고 묵상하십시오.

마태복음 13장 47-50절

47. 또 천국은 마치 바다에 치고 각종 물고기를 모는 그물과 같으니

48. 그물에 가득하매 물 가로 끌어 내고 앉아서 좋은 것은 그릇에 담고 못된 것은 내버리느니라

49. 세상 끝에도 이러하리라 천사들이 와서 의인 중에서 악인을 갈라 내어

50. 풀무 불에 던져 넣으리니 거기서 울며 이를 갈리라

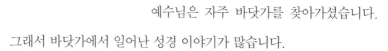

　　　　　　예수님은 자주 바닷가를 찾아가셨습니다.
그래서 바닷가에서 일어난 성경 이야기가 많습니다.

　처음에 제자를 찾으실 때 예루살렘으로 가지 않으시고 갈릴리 바
다로 가셨습니다. 그리고 베드로, 요한, 야고보를 부르셨습니다. 또한
제자들과 배를 타고 가시다가 광풍을 만나 교훈을 주신 것도 바다에
서 있었던 일입니다. 오병이어의 신비스러운 기적도 디베랴 바닷가에
서 있었던 일입니다. 예수님께서 십자가에 죽으셨다가 3일 만에 부활
하신 후 처음 찾아가신 곳이 갈릴리 바다였고 여기에서 다시 제자들
을 만나셨습니다.

　마태복음 13장은 예수님의 일곱 가지 비유로 된 천국과 인생들의
이야기가 기록되어 있습니다. 이 귀중한 말씀을 하신 장소가 바로 갈

릴리 바닷가였습니다.

"그 날 예수께서 집에서 나가사 바닷가에 앉으시매 큰 무리가 그에게로 모여 들거늘 예수께서 배에 올라가 앉으시고 온 무리는 해변에 서 있더니"(마 13:1-2)라고 했습니다.

망망한 대해 한가운데에 갈매기가 날고 파도가 넘실대는 그곳, 끝없는 수평선이 보이는 그곳에서 예수님은 어부의 땀이 젖어 있는 배에 올라가 앉으셨습니다.

예수님께서 바닷가를 종종 찾으신 이유를 알 것 같습니다. 예수님은 병들고 귀신 들리고 삶에 지친 가난하고 괴로운 사람뿐만 아니라 완악한 서기관, 바리새인과 하루해를 지내셨습니다.

예수님은 말해도 안 되고, 들려줘도 알아듣지 못하고, 보여주어도 희망 없는 답답한 사람들을 온종일 만나시고 서글픈 심정으로 쓸쓸히 바닷가를 찾아가셨습니다. 모두 다 되지 못한 자들의 떠드는 소리뿐이고 말이 많고 이유가 많은 사람들뿐입니다.

바닷가에 앉으셔서 손으로 턱을 고이시고 멀리 바다를 바라보시는 주님은 어쩌면 울고 계셨는지도 모릅니다.

얼마 후에 사람들이 몰려오기 시작합니다. 그래도 이 사람들은 주님을 찾아 무엇인가 듣고 싶고, 알고 싶고, 믿고 싶은 열망에 사로잡힌 사람들이었습니다. 사람은 사람인데 진실한 사람이고 이해심이 있는 순수한 사람들이었습니다.

예수님은 두둥실 떠 있는 나룻배에 올라타셨습니다. 그리고 천국과 세상살이에 대해서 여러 가지 비유를 들어 말씀하셨습니다. 그중에서 특히 바다를 바라보고 있는 사람들에게 바다를 비유로 들어 천국과 인생을 말씀하신 내용이 오늘 말씀입니다.

예수님은 바닷속에 무진장한 보고(寶庫)가 들어 있다고 깨우쳐 주셨습니다. 예수님은 바다의 겉만 보신 것이 아니라 바닷속을 보고 계셨습니다. 사람들은 겉을 보고 즐거워하고 또는 두려워합니다. 인생을 대할 때 겉만 보는 것이 아니라 속을 깊이 보는 마음을 가져야 합니다.

바닷속에는 무진장한 보화가 숨겨져 있습니다. 바닷속에는 석유가 묻혀 있고 금이 있고 진주가 있으며 온갖 보물이 감추어져 있습니다. 바닷속에는 사람에게 유익을 주는 귀하고 아름다운 것들이 가득한 것처럼 우리 삶 속에도 귀하고 아름다운 것들이 많이 있습니다.

사람 사는 인생이란 끊임없이 행복을 건지려고 바다에 그물을 내리는 어부와 같습니다. 바다에는 험한 파도만 있는 것이 아니라 아름다운 노을도 있습니다. 바다에는 파멸과 두려움을 주는 암초만 있는 것이 아니라 건강을 주고 즐거움을 주는 영양가 높은 물고기와 해삼

205

도 많습니다.

우리의 삶이 슬픔만 가득한 것은 아닙니다. 절망만 있는 것은 아닙니다. 인생을 아름답게 해주는 보화들이 많이 묻혀 있습니다. 즐거움을 주고 감동을 불러일으키는 일들이 숨어 있습니다. 바닷가의 조개껍질 하나하나가 우리를 어린아이처럼 만들어주고 즐거움을 주듯이 우리 삶 속에는 다정한 말 한마디, 즐거운 사랑, 보이지 않는 감격, 행복한 콧노래, 이 모든 것들이 삶의 보화이고 진주이고 구슬입니다.

하나님은 소용돌이치는 인생의 바다 한복판에 예수님을 보내주셨습니다. 말씀을 내려주셨습니다. 성령님께서 오셨습니다. 겉으로 얻어지는 기쁨이 아니라 내 심령 깊은 곳에 지닌 보화이고 생명이며 은혜입니다. 주님께서는 내 속에 보화로 계십니다. 내 속에 계신 주님을 발견해야 합니다. 삶을 생각해야 합니다. 살아있음을 생각해야 합니다. 모든 것이 은혜이며 보배입니다.

바다에는 예측할 수 없는 풍랑이 있습니다

얼마 전에 바닷가를 찾아간 적이 있습니다. 오전에는 따뜻하고 고요해서 잘 쉬었습니다. 그런데 오후가 되자 갑자기 날이 어두워지더니 한 치 앞도 분간할 수 없을 정도로 검은 구름과 비와 바람과 천둥

이 몰려왔습니다. 바다가 주는 교훈이었습니다.

인생도 마찬가지입니다. 아침에 건강하던 사람이 갑자기 오후에 쓰러질 수 있습니다. 아침에 잘 되던 일이 오후에 풍랑을 만나 뒤집어질 수도 있습니다. 자랑하지 말고, 장담하지 말고, 스스로 서 있다고 교만하지 않아야 합니다. 이것이 주님께서 바다를 통하여 말씀해주시는 교훈입니다.

그래서 바다로 나가기 전에 일기예보를 듣고 나침반을 챙겨가야 합니다. 우리는 인생의 나침반이 되시는 주님이 필요합니다. 미래를 말해 주는 주님의 말씀이 필요합니다. 그래야 풍랑이 일어나도 안심할 수 있습니다. 폭풍우가 몰아쳐도 살 수 있습니다. 주님께서 함께하시면 풍랑 속에서도 폭풍우 속에서도 평온하게 지낼 수 있습니다.

마태복음 8장에는 이런 사건이 있습니다. 주님과 제자들이 배를 타고 갈릴리 바다를 건너십니다. 갑자기 풍랑이 일어났습니다. 제자들은 두려워하면서 배를 붙들고 물도 퍼내지만 배는 점점 더 물속으로 가라앉기만 합니다. 제자들의 노력은 소용이 없었습니다.

제자들이 보니 예수님은 평안히 주무시고 계셨습니다. 아니, 지금 물에 빠져 죽는 줄도 모르고 주무시기만 하시다니! 귀가 어두우신 분인가?

주여! 우리가 물에 빠져 죽겠나이다!

예수님께서 일어나셨습니다. 그리고 산더미 같은 파도와 바람을 향하여 "잔잔할지어다"라고 말씀하시자 풍랑이 잔잔하게 되었습니다. 아니, 이분이 누구신데 바람과 바다가 말씀 한마디에 순종하는 것인가! 주님께서는 "믿음이 작은 자들아! 네 믿음이 어디에 있느냐!"라고 말씀하셨습니다.

돛단배를 타고 가다 풍랑을 만나면 통통배가 와서 구해주면 됩니다. 통통배를 타고 가다 풍랑을 만나면 여객선이 와서 구해주면 됩니다. 여객선이 풍랑을 만나면 군함이 와서 구해주면 됩니다. 풍랑보다 크신 분이 예수님이십니다. 인생의 파도가 제아무리 강해도, 인생의 바다에 불어오는 폭풍우가 제아무리 강해도 주님의 말씀과 능력과 권세 앞에서는 잔잔해집니다. 그러므로 인생이란 바다를 항해하면서 주님을 모시고 주님께 맡기고 사시기를 바랍니다.

바다는 어부가 필요한 곳입니다

바다는 용감한 어부가 필요한 곳입니다. 지혜로운 어부가 필요한 곳입니다. 바다에 용감한 어부, 지혜로운 어부가 있어야 하듯이 이 세상에는 일하는 자가 필요합니다. 게으르고 무책임한 사람이 아닙니다.

이 세상에는 일하는 어부가 필요합니다. 교회는 하나님의 일을 하는 곳입니다. 어촌에 가보면 고기를 잡는데 온 동네, 온 가족이 이른 새벽부터 총동원합니다. 교회가 사람을 구원하는데 한 사람도 빠짐없이 나서야 합니다. 주님은 끊임없이 일하셨습니다. 땀 흘리시며 일하셨습니다. 피 흘리시기까지 일하셨습니다. 십자가에 죽으시기까지 일하셨습니다. 일하는 자에게만 미래가 열려 있습니다. 일을 쉬지 말아야 합니다.

기도하는 일을 쉬지 말아야 합니다. 전도하는 일을 쉬지 말아야 합니다. 구제하는 일을 쉬지 말아야 합니다. 새로운 일을 계획하고 도전하는 용기를 잃지 말아야 합니다.

어부에게는 그물이 필요합니다. 그물이 튼튼하고 좋아야 고기를 잡을 수 있듯이 인간이 이 세상을 살아가는 도구는 주님의 말씀입니다. 농부가 땅을 파려면 곡괭이가 필요하고, 장사하려면 자본이 필요하고, 군인이 전쟁터에 나가려면 총이 필요하듯이 인생을 살아가는 삶의 도구는 말씀입니다. 하나님의 말씀이 삶의 용기이며 지혜이며 능력입니다.

저는 사람이 잘 되는 네 가지 요소를 발견했습니다.

첫째, 어부가 건강하고 용감하며 바다에 대해서 잘 알아야 합니다.
세상 돌아가는 일을 정확히 알아야 합니다. 세상을 알아야 합니다.

둘째, 그물이 좋아야 합니다. 그물이 낡고 삭았다면 고기를 잡을 수 없습니다.

세상을 살아가는 능력을 개발하고 준비해야 합니다.

셋째, 배가 좋아야 합니다. 배가 고장이 나고 낡고 깨지면 얕은 물에서도 불안해서 고기를 잡을 수 없습니다.

세상이라는 바다는 저 혼자의 힘으로 항해할 수 없습니다. 사람을 잘 만나야 하고 팀워크가 잘 이루어져야 합니다. 생사를 같이 할 수 있는 좋은 사람들을 만나야 합니다.

넷째, 고기가 많은 곳이어야 합니다. 어부도 좋고 그물도 좋고 배가 좋아도 고기가 없으면 잡을 수가 없습니다.

사람이 성공하기 위해서는 삶의 진리를 어느 곳으로 결정하는가가 중요합니다.

이 모든 것이 다 있어도 물이 말라버리면 소용이 없습니다. 배가 부둣가에 매여 있다가도 물이 들어오면 둥둥 뜨게 됩니다. 아무리 무거운 것을 실어도 물이 들어오면 배는 뜨게 되어 있습니다. 성령의 물줄기가 열려야 합니다. 성령의 역사가 있어야 합니다. 물이 들어오고 나감에 따라 고기가 들어오고 나가는 것처럼 성령의 물줄기가 들어오면 배가 뜨고 보화가 들어옵니다.

가정에 성령께서 들어오셔야 합니다. 사업장에 성령께서 역사하실 때 사업의 배가 둥실둥실 떠서 먼 곳, 깊은 곳까지 가서 귀중한 보화를 건져낼 수 있습니다. 교회 안에 성령의 역사가 넘치게 될 때 말씀 안에서 자유하게 되는 역사가 일어납니다. 말씀을 들을 때 성령이 오십니다. 기도할 때 성령의 문이 열립니다. 회개하고 순종할 때 성령의 역사가 일어나기 시작합니다.

예수님은 바닷가의 저녁을 보십니다

"그물에 가득하매 물 가로 끌어 내고 앉아서 좋은 것은 그릇에 담고 못된 것은 내버리느니라"(마 13:48)라고 했습니다. 이 말씀은 심판의 때를 알려주시는 것입니다. 최후의 순간입니다. 모든 것이 폭로되는 순간입니다. 마지막 시간입니다.

부둣가에 가보면 여인들이 앉아서 무엇인가 열심히 골라내고 버리고 씻고 하는 것을 봅니다. 좋은 것은 그릇에 담습니다. 나쁜 것은 버립니다. 원하는 것은 어부의 소유입니다. 원치 않는 것은 쓰레기통에 버립니다.

"세상 끝에도 이러하리라 천사들이 와서 의인 중에서 악인을 갈라 내어 풀무 불에 던져 넣으리니 거기서 울며 이를 갈리라"(마 13:49-50)라고 말씀하셨습니다.

조심할 것이 있습니다. 이 심판은 이미 어부의 그물 안에 있는 것을 진짜와 가짜, 진실과 거짓을 분별하겠다는 것이지 믿지 않는 자를 의미하는 것은 아닙니다. 그물 속에 이미 좋은 고기도 나쁜 고기도 함께 있다는 말입니다. 교회 안에도 좋은 교인이 있고 그렇지 않은 교인이 있습니다. 좋은 성도는 천국에 갈 것이고 그렇지 않은 성도는 풀무

불에 던져져서 이를 갈며 슬퍼할 것입니다.

우리는 너 나 할 것 없이 모두 최후의 순간을 향하여 달려가고 있습니다. 좋은 것이나 못된 것이나 마지막 자리까지는 함께 갈 것입니다. 그러나 갈라놓는 심판의 손이 나타날 때는 확실하게 구별된다는 것을 성경은 말해줍니다.

그때는 목자가 양과 염소를 구분하는 것같이 하며(마 25:32), 어둠에 감추인 것들이 드러나고(고전 4:5), 영광의 면류관을 얻는 자들이 있으며(벧전 5:4), 하나님의 거처에 영접받아 들어가는 자가 있으며(요 14:3), 하나님의 영원한 성에 들어갈 권세를 받는 자들(계 22:14)이 있음을 알아야 합니다.

이것은 마치 은행에서 동전을 만들어 저울대에 올려놓는 순간 조금이라도 무게가 부족하면 한 치의 에누리도 없이 모두 불량품으로 던져지는 것과 같습니다.

인간은 모두 불량품 인생입니다. 모두 흠이 있고 허물이 있으며 인간다운 표준치에 미달입니다. 그러므로 완전하신 예수 그리스도 안에 들어와야 합니다. 아무리 부족해도 예수 그리스도 안에 들어오면 완전하신 그리스도의 의로움으로 합격자가 됩니다. 아무리 미달되는 인생이고 누더기 같이 찢기고 잘못 살아온 상처의 인생이라도 온전하신 예수님 안에 들어오면 예수님에 의해서 가려지고 보호되고 측정되기 때문에 완전하게 천국 백성으로서의 합격자가 됩니다.

좋은 성도는 예수님의 공로로 천국 가겠다고 나서는 자입니다. 좋은 성도가 됩시다. 예수님만 의지합시다. 예수님의 완전하심과 그 능력과 은혜를 믿읍시다. "주 예수를 믿으라 그리하면 너와 네 집이 구원을 받으리라"(행 16:31)라고 했습니다.

주님께서 바다를 통하여 말씀하시는 음성을 들어야 합니다.

우리 인생 속에 주신 아름다운 사랑과 믿음과 소망 같은 보화를 새롭게 해야 합니다.

풍랑이 일 때에도 주님이 함께하시면 이 풍랑을 인연하여 저 천성을 향하여 더 빨리 나아갈 수 있습니다.

용기 있고 지혜로운 어부가 되어 일꾼으로 부끄러움 없이 나서 봅시다.

분명히 최후의 자리에 갔을 때 하늘에 계신 하나님 아버지를 기쁘시게 해드릴 것을 믿습니다.

17장 나그네 인생

먼저 말씀을 읽고 묵상하십시오.

베드로전서 2장 11-12절

11. 사랑하는 자들아 거류민과 나그네 같은 너희를 권하노니 영혼을 거슬러 싸우는 육체의 정욕을 제어하라
12. 너희가 이방인 중에서 행실을 선하게 가져 너희를 악행한다고 비방하는 자들로 하여금 너희 선한 일을 보고 오시는 날에 하나님께 영광을 돌리게 하려 함이라

한여름이 가고 가을 문턱에 들어서려는 사람은 잠시나마 생각에 잠깁니다. 보내지 않아도 가야 하고 미워하지 않아도 떠나버리는 자연의 이치를 피부로 느끼며 인생에 대해 다시 한 번 생각해봅니다. 가야 하고 떠나야 하는 것이 인생입니다. 가려고 해서 가는 것이 아니라 가기 위해서 여기에 있고, 떠나기 위해서 지금 살고 있다는 생각을 해 봅니다.

프랑스의 문호 빅토르 위고는 "인생을 산다는 것이 무엇인가?"라는 질문을 듣고 이렇게 말했습니다.

"오늘의 문제는 무엇인가? 싸우는 것이다. 내일의 문제는 무엇인가? 이기는 것이다. 인생 모든 날의 문제는 무엇인가? 죽는 것이다."

힘 있게 싸우고 이겨서 영광을 누리지만 알고 보면 인생이란 가기 위해서 싸워야 하고 잘 떠나기 위해서 이겨야 한다는 말입니다. 떠나기 위해서 사는 존재! 이 실존을 가리켜 성경은 '나그네'라고 이름 붙입니다.

베드로전서 2장 11절 말씀에서 주님은 베드로의 입을 빌려 사람이 '나그네와 행인'이라고 했습니다. 어떻게 세상을 살아야 할까요? 나그네로 인생을 살아야 합니다. 지나가는 행인처럼 살아야 합니다.

'나그네'란 어떤 의미입니까? 헬라어 원문에 보면 나그네란 말을 '파로이 코스'라고 했는데 이 뜻은 '본토에서 떠나 외곽에서 거주하는 자'라는 의미입니다. 본향을 떠난 사람들, 그리고 늘 본향을 그리워하며 본향을 향하여 발걸음을 옮겨놓는 사람을 '나그네와 행인'이라고 했습니다.

나그네란 떠나야 하고 가야 하는 사람입니다. '나그네'란 남의 땅 한 모퉁이를 잠깐 빌려서 살다가 미련 없이 가야 하는 사람입니다. 아침에도 저녁에도 한밤중에도 언제든지 떠나야 하고 가야 하는 사람, 이 사람을 가리켜 나그네라고 했습니다.

인생은 모두 나그네라고 주님께서 말씀하셨습니다. 언제든지 떠날 수 있어야 합니다. 언제든지 버릴 수 있어야 합니다. 인생은 나그네입니다. 머물러 있는 이 자리는 반드시 비워줘야 할 때가 옵니다.

종교개혁을 한 루터의 일화 중에 이런 이야기가 있습니다.

어느 날 루터는 비가 억수같이 쏟아지는 날에 친구와 같이 길을 가고 있었습니다. 그때 갑자기 벼락이 쳤습니다. 옆에 가던 친구가 벼락을 맞아 순식간에 죽어버리고 말았습니다. 이 광경을 본 루터는 법관이 되는 것을 포기하고 수도사가 되기로 결심했습니다.

인생이 나그네임을 아는 자만이 인생을 올바르게 살아갈 수 있습니다. '인생은 나그네'라고 인생 고백을 할 수 있는 사람만이 옳은 길을 찾아갈 수가 있습니다.

세상살이에서 많은 고생과 실패, 아픔과 고통, 인생의 쓴잔을 수없이 들이켜 본 사람일수록 인생길을 제대로 찾게 됩니다. 인생의 허망함을 깊이 체험한 예루살렘의 왕 솔로몬처럼 "일의 결국을 다 들었으니 하나님을 경외하고 그의 명령들을 지킬지어다 이것이 모든 사람의 본분이니라"(전 12:13)라고 인생을 결론 내리게 됩니다.

하나님은 사람들에게 실패를 허락하십니다. 질병도 허락하실 때가 있습니다. 분함과 억울함에 잠을 못 이루는 밤에 때로는 하나님께서 침묵하고 계시는 듯합니다.

왜 하나님은 사랑하는 자들의 고통에도 말씀이 없으십니까?
왜 하나님은 세상이 엉망으로 돌아가도 안 계신 것처럼 침묵하고 계십니까?

땅에 사는 인간들에게 알려주시고 싶은 것이 있기 때문입니다. 깨달아야 하는 것이 있기 때문입니다. 사업을 망하게 해서라도, 몸에 병이 들게 해서라도, 처절한 실패의 자리에서 피눈물을 쏟게 해서라도, 하나님은 사랑하는 자녀들에게 알려주시고 싶은 말씀이 있기 때문입니다. 그것은 '인생은 나그네'라는 깨달음입니다.

지구촌의 순례자! 이 땅은 인간의 본향이 아니라 잠깐 머물렀다 떠나야 하는 외곽지대임을 말씀해 주시고 싶은 것입니다.

인생은 나그네입니다. 그러면 나그네 세월을 어떻게 보내야 합니까?

영혼을 위하여 깨끗하게 살아야 합니다

"사랑하는 자들아 거류민과 나그네 같은 너희를 권하노니 영혼을 거슬러 싸우는 육체의 정욕을 제어하라"(벧전 2:11)라고 했습니다.

시시한 것을 위해서 중요한 것을 잃어버리는 어리석은 삶이 되어서는 안 된다는 말씀입니다. 옷보다는 몸이 더 중요합니다. 보이는 것보다 보이지 않는 것이 더 중요합니다. 외모보다는 사람 됨됨이가 더 중요합니다. 육체보다는 영혼이 더 중요합니다. 옷을 위해서 몸이 죽을 수 없는 것처럼 육체의 정욕을 위해서 영혼이 멸망당할 수는 없다는 말씀입니다.

인간이 이 땅에 사는 동안 영혼을 아름답게 하고 영혼을 깨끗하게 해야 합니다. 육체의 정욕은 잠깐이지만 영혼은 영원한 것입니다.

"육체의 소욕은 성령을 거스르고 성령은 육체를 거스르나니 이 둘이 서로 대적함으로 너희가 원하는 것을 하지 못하게 하려 함이니라"(갈 5:17)라고 했습니다.

육체의 소욕과 성령은 한자리에 함께 공존할 수 없습니다. 하나님 나라와 죄악된 세상은 함께 타협할 수 없습니다. 사람의 영혼은 하나님의 영이신 성령의 역사와 활동을 통해서 살아나게 되고 하늘의 영원한 생명과 신령한 복을 누릴 수 있게 됩니다.

성령을 거스르는 육체의 일은 무엇입니까?

"육체의 일은 분명하니 곧 음행과 더러운 것과 호색과 우상 숭배와 주술과 원수 맺는 것과 분쟁과 시기와 분냄과 당 짓는 것과 분열함과 이단과 투기와 술 취함과 방탕함과 또 그와 같은 것들이라 전에 너희에게 경계한 것 같이 경계하노니 이런 일을 하는 자들은 하나님의 나라를 유업으로 받지 못할 것이요"(갈 5:19-21)라고 했습니다.

우리는 비록 나그네 인생이지만 하나님의 나라를 유업으로 받아야 할 미래의 주인공임을 말씀하고 있습니다. 하나님의 나라를 유업으로 받아야 할 사람들이 바로 저와 여러분이란 말입니다.

이제 우리는 알았습니다. 하늘나라가 약속된 상속자임을 알았습니다.

운동장에 들어가 수십 분의 운동경기를 하려고 해도 수많은 시간을 땀 흘리며 준비하는데 영원한 아버지 집인 하늘나라를 상속받아야 할 사람들이 흘러가는 세월, 좋은 시간을 다 흘러보내면 안 됩니다.

깨끗한 준비를 해야 합니다. 하늘나라는 육으로 받는 것이 아니라 영혼으로 누리는 신령한 세계입니다. 그러므로 "영혼을 거슬러 싸우는 육체의 정욕을 제어하라"고 말씀하십니다.

말씀을 들으려고 하는데 거스르는 것이 있다면 단호하게 제거하십시오.

기도하려고 하는데 장애가 되는 것이 있다면 장애물로 여기십시오.

충성하려고 하는데 가로막는 것이 있습니까?

성령 충만을 소원하는데 무엇이 방해가 됩니까?

그것을 버리고 포기하고 끊어버려야 합니다.

영혼이 거룩하면 삶이 거룩합니다. 영혼이 빛나면 얼굴이 빛나고 삶이 아름다워집니다. 가야 하고 떠나야 하는 나그네 인생은 이 육체의 장막집이 무너지면 손으로 짓지 아니한 아버지의 집이 저 하늘에 있는 줄 알아 참회하는 삶을 살아갑니다.

행실을 선하게 가져야 합니다

오늘 밤에 떠나야 하는 사람인데 그래도 싸우겠습니까?

내일이면 영원히 떠나야 하는 사람이 욕심을 부리겠습니까?

아침이면 날마다 얼굴을 본다고 한없이 같이 있을 것 같습니까?

오늘 만난 사람을 내일 또 볼 수 있다고 장담할 수 없습니다. 그러니 사랑해야 합니다. 그러니 아껴줘야 합니다. 서로 불쌍히 여겨야 합니다.

사랑하며 재미있게 살아도 모자란 시간입니다.

착한 일을 많이 해도 모자란데 헐뜯고 다투다가 좋은 세월 다 보내고 떠날 때가 갑자기 들이닥치면 어떻게 하겠습니까?

기도하며 충성해도 모자란 시간인데 흘러가는 세월에 몸을 맡기면 어떻게 합니까?

이왕 버려두고 떠날 것이라면 내 마음대로 이렇게 저렇게 할 수 있을 때 선한 일을 많이 하고 주님과 의로운 역사를 위해서 많이 봉사해야 되지 않겠습니까?

선하게 살아가는 사람이 그리스도를 따라가는 나그네입니다. 그러나 지금의 세상은 남에게 도움을 주지는 못할망정 피해를 주지 않는 한 사람이 아쉽습니다. 위하는 척하면서 이용하고, 몇 푼의 이익이 있는 것 같으면 신앙이나 양심도 버립니다. 정신과 사상이 죽어버린 송장들을 어느 곳에서든지 쉽게 찾아볼 수 있습니다.

하나님나라를 위하여 쓰인 재물과 가난하고 어려운 이웃을 아무도 모르게 도운 돈으로 밧줄을 만들어 그것으로 여러분을 하늘나라로 들어 올린다면 안심하고 하늘 끝까지 갈 수 있겠습니까? 아니면 몇 미터 올라가다가 끊어지겠습니까? 아니면 끝까지 올라갈 수 있겠습니까?

욕심을 부리지 맙시다. 망하는 것은 시간문제입니다.
싸우지 맙시다. 예외 없이 망합니다.
원망하지 맙시다. 반드시 후회합니다.

나그네 인생임을 아는 자는 가야 하고 떠나야 하는 존재임을 생각하고 살아갑니다. 언제 떠날지 언제 가게 될는지 그것은 아무도 모릅니다. 하나님만 아십니다. '인생은 나그네'라고 주님께서 말씀하셨습니다.

18
장

승리자의 외로운 탄식

먼저 말씀을 읽고 묵상하십시오.

전도서 1장 2-11절

2. 전도자가 이르되 헛되고 헛되며 헛되고 헛되니 모든 것이 헛되도다

3. 해 아래에서 수고하는 모든 수고가 사람에게 무엇이 유익한가

4. 한 세대는 가고 한 세대는 오되 땅은 영원히 있도다

5. 해는 뜨고 해는 지되 그 떴던 곳으로 빨리 돌아가고

6. 바람은 남으로 불다가 북으로 돌아가며 이리 돌며 저리 돌아 바람은 그 불던 곳으로 돌아가고

7. 모든 강물은 다 바다로 흐르되 바다를 채우지 못하며 강물은 어느 곳으로 흐르든지 그리로 연하여 흐르느니라

8. 모든 만물이 피곤하다는 것을 사람이 말로 다 말할 수는 없나니 눈은 보아도 족함이 없고 귀는 들어도 가득 차지 아니하도다

9. 이미 있던 것이 후에 다시 있겠고 이미 한 일을 후에 다시 할지라 해 아래에는 새 것이 없나니

10. 무엇을 가리켜 이르기를 보라 이것이 새 것이라 할 것이 있으랴 우리가 있기 오래 전 세대들에도 이미 있었느니라

11. 이전 세대들이 기억됨이 없으니 장래 세대도 그 후 세대들과 함께 기억됨이 없으리라

전도서는 지금으로부터 거의 3천 년 전 이스라엘 왕국의 세 번째 왕 솔로몬의 한숨 섞인 탄식입니다. 이 지상에 살다 간 사람 중에 가장 많은 부귀와 영화를 누렸던 왕이 인생의 황혼녘에 한다는 말이 "인생은 모든 것이 헛되고 헛되며 헛되고 헛되니 모든 것이 헛되도다"라는 탄식입니다.

못 가진 자가 배고프고 헐벗은 서러움을 탄식한 것이 아닙니다. 남편은 죽어 땅에 묻고 자식은 떠나가서 한이 많은 여인이 가슴 치며 탄식한 것도 아닙니다. 병든 몸이 되어 한 발자국도 옮겨놓을 수 없는 답답한 괴로움을 탄식해서 "헛되고 헛되다"고 한 것도 아닙니다. 철석같이 믿었던 사람에게 어느 순간 배신당하고 슬픔에 젖어 탄식한 것도 아닙니다. 아는 것이 없어 속고 짓밟히는 억울함에 탄식한 것도 아닙니다. 평생소원을 이루지 못하고, 먹고 싶고, 입고 싶고, 하고 싶은 일을 못하여 한이 맺힌 가련한 인생을 탄식한 것도 아닙니다.

솔로몬은 왕이었습니다. 그는 '레바논의 수풀궁'이라고 불려질 만큼 호화로운 궁궐을 13년 동안이나 짓고 거기서 살았습니다. 또한 솔로몬이 거느렸던 군마는 4만 필이나 되었습니다. 뿐만 아니라 솔로몬 왕의 뛰어난 지혜와 지식을 들으려고 천하의 모든 왕들이 찾아왔습니다.

"그가 잠언 삼천 가지를 말하였고 그의 노래는 천다섯 편이며 그가 또 초목에 대하여 말하되 레바논의 백향목으로부터 담에 나는 우슬초까지 하고 그가 또 짐승과 새와 기어다니는 것과 물고기에 대하여 말한지라 사람들이 솔로몬의 지혜를 들으러 왔으니"(왕상 4:32-34)라고 기록되었습니다.

또한 솔로몬의 권세를 당할 자가 없어 주위의 모든 나라들이 조공을 바쳐 솔로몬의 사는 날 동안에 섬겼다(왕상 4:20-25)고 했습니다.

솔로몬은 후궁이 7백 명이고 첩이 3백 명(왕상 11:1-3) 1천 궁녀를 거느리고 살았습니다. 또한 솔로몬 왕은 "은 금과 왕들이 소유한 보배와 여러 지방의 보배를 나를 위하여 쌓고 또 노래하는 남녀들과 인생들이 기뻐하는 처첩들을 많이 두었노라"(전 2:8)라고 고백합니다.

엄청난 부귀와 권세와 영화를 누렸던 왕! 솔로몬은 "무엇을 가리켜 이르기를 보라 이것이 새 것이라 할 것이 있으랴"(전 1:10)라고 탄식합니다.

권세를 얻고 부귀와 영화를 누리면 해 아래 이 세상에서는 두말할 것 없이 성공한 사람이고 인생의 승리자라고 불러줍니다. 그러나 이 승리자가 외로운 탄식을 하고 있습니다. 돈 있고 권세 있다고 인생의 성공자가 아니라는 말입니다.

어찌하여 부귀와 영화를 누리는 솔로몬이 땅이 꺼질 듯한 한숨으로 탄식을 하고 있는 것입니까?

해 아래 이 세상에는 영원한 것이 없습니다

인간의 삶의 길이는 기약이 없습니다. 언제 끝날지 누가 압니까? 설사 오래 산다고 해도 백 년이면 이 세상을 떠나야 하지 않습니까?

다 지나가고 흘러갑니다. 부귀도 가고 영화도 갑니다. 권세도 가고 영웅도 갑니다. 한 세대는 가고 한 세대가 오되 가고 오는 것을 막을 수 없습니다.

해는 떴다가 지며 그 떴던 곳으로 빨리 돌아가고, 바람은 남으로 불다가 북으로 돌이키며 이리 돌고 저리 돌아 불던 곳으로 돌아갑니다. 인생은 연약할 뿐만 아니라 짧고 짧습니다.

구약 성경에 욥이라는 사람은 짧은 인생의 날을 탄식하기를 "나의 날은 베틀의 북보다 빠르니 희망 없이 보내는구나"(욥 7:6)라고 말했습니다.

이사야라는 예언자는 "모든 육체는 풀이요 그의 모든 아름다움은 들의 꽃과 같으니 풀은 마르고 꽃은 시들되"(사 40:6-7)라고 인간의 덧없는 영광을 탄식했습니다.

야고보 선생도 "내일 일을 너희가 알지 못하는도다 너희 생명이 무엇이냐 너희는 잠깐 보이다가 없어지는 안개니라"(약 4:14)라고 인간 생명의 무상함을 탄식했습니다.

120년의 긴 세월을 살며 하나님의 역사를 드러냈던 모세도 마지막에는 이렇게 탄식했습니다.

"주의 목전에는 천 년이 지나간 어제 같으며 밤의 한 순간 같을 뿐임이니이다"(시 90:4)

"저희는 잠깐 자는 것 같으며"(시 90:5) 깜박 잠든 것 같은데 한 세월이 지나갔습니다.

"우리의 평생이 순식간에 다하였나이다"(시 90:9). 금방 시작한 것 같았는데 마지막 시간이 왔습니다.

"우리의 연수가 칠십이요 강건하면 팔십이라도 그 연수의 자랑은 수고와 슬픔뿐이요 신속히 가니 우리가 날아가나이다"(시 90:10)

인간의 삶은 짧습니다. 정해진 기간만 살아야 하는 시한부 인생입니다. 기다리지 않아도 죽음의 날이 오고 있는 사형수 인생입니다. 우리는 짧은 인생을 살아가는 동안 영원을 찾아야 합니다. 영생을 얻어야 합니다. 해 아래에 영원이 없다면 이제 해 너머에 영원이 있음을 알아야 합니다.

이 세상 너머 저 하늘에 영원한 세계가 있습니다. 하나님만이 영원하십니다. 영원하신 하나님은 인간들에게 영생을 주시기 위해서 예수님을 보내주셨습니다(요 3:16).

예수님을 주님으로 영접하고 그 이름을 믿는 사람은 영원하신 하나님을 아버지라 부릅니다. 이 세상에 살아있는 동안 삶의 목적은 부귀와 영화를 누리는 것이 아닙니다. 영원하신 하나님의 자녀가 되는 것이 인생의 참뜻입니다. 영생을 얻고 천국 백성이 되어 하늘나라의 시민권(빌 3:20)을 얻는 일이 참된 축복임을 알아야 합니다.

영원한 것이라고는 아무것도 없는 이 세상에서 제일 먼저 해야 할 인생의 과제는 영원한 나라 천국에 들어가는 자격을 얻어야 하는 일입니다. 예수님은 어제나 오늘이나 영원토록 동일하신 분이라고(히 13:8) 하셨습니다. 영원한 생명이신 예수님을 영접한 사람은 예수님과 함께 영원한 시간을 약속받습니다. 이것이 예수님을 믿어야 하는 이유입니다.

왜 부귀와 영화를 더없이 누렸던 사람이 마지막 자리에 가서 탄식하는 것입니까?

영생을 얻지 못했기 때문입니다. 영원한 나라인 천국을 약속받지 못했기 때문입니다.

왜 사람들이 잘못 살아갑니까? 왜 불의하게 살아갑니까? 왜 욕심을 부리며 싸우는 것입니까? 이 세상이 전부라고 믿기 때문입니다. 다음 세상이 확실하지 못하기 때문입니다.

이 세상을 떠난 다음 더 좋은 천국에 들어간다는 확신만 있다면 무엇이 그렇게 미련이 있겠습니까! 기꺼이 공의를 위하여 목숨도 깨끗이 버릴 수 있는 것입니다. 이러한 소망이 있는 사람의 입에서 무슨 탄식이 나올 수 있겠습니까?

이 세상 너머 저 하늘에 하나님의 나라가 있습니다. 천국이 있습니다. 누구든지 십자가에 달려 피 흘리시고 죽으셨다가 부활하신 예수님을 믿으면 모든 죄를 용서받고 새 생명을 얻습니다. 하나님의 영원한 가족이 되어 천국 백성으로 살아가는 기쁨과 복을 누릴 수 있습니다.

해 아래 이 세상에는 만족이 없습니다

솔로몬은 "모든 만물이 피곤하다는 것을 사람이 말로 다 말할 수는 없나니 눈은 보아도 족함이 없고 귀는 들어도 가득 차지 아니하도다"(전 1:8)라고 탄식합니다.

신약 성경 누가복음 19장에는 여리고 마을에 사는 삭개오라는 사람이 나옵니다.

삭개오는 무척이나 가난했던 것 같습니다. 어렸을 때 너무 못 먹어서 그랬는지 키가 아주 작았다고 했습니다. 삭개오는 돈 없는 인생의 아픔을 일찍이 경험했습니다. 그래서인지 삭개오는 로마제국의 세무 관원으로 들어가 닥치는 대로 돈을 모았습니다. 좋은 집도 마련했습니다. 부러울 것 없을 정도로 살림도 장만했습니다. 그런데 이상하게 마음에 만족이 없었습니다.

돈이 있다고 사람이 바로 된 것은 아닙니다. 권세를 가졌다고 사람이 외롭지 않은 것은 아닙니다. 삭개오의 마음은 돈이나 권세로도 채워지지 않았습니다.

삭개오는 돈을 버는 대신 진실을 잃었습니다. 양심을 속였습니다. 그래서 친구도 없고 삭개오를 좋아하는 사람도 없었습니다.

어느 날 삭개오는 예수님께서 마을 앞을 지나가신다는 말을 듣고 혹시나 하는 마음으로 나왔습니다. 돈은 벌었지만 부끄럽습니다. 삭개오는 사람들을 피하여 멀찍이 서 있다가 뽕나무 위로 올라갔습니다. 예수님께서 수많은 군중들과 함께 지나가십니다.

예수님께서는 삭개오가 있는 뽕나무 앞으로 오셨습니다. 그리고 뽕나무 가지에 올라 앉아 있는 삭개오를 향하여 "삭개오야! 속히 내려오라. 내가 오늘 네 집에 머물러야겠다"고 하십니다.

삭개오는 예수님을 집으로 모셨습니다. 삭개오가 여쭙니다. "주여! 보시옵소서. 내 소유의 절반을 가난한 자들에게 주겠사오며 만일 누구의 것을 속여 빼앗은 일이 있으면 네 갑절이나 갚겠나이다."

예수님은 "오늘 구원이 이 집에 이르렀으니 이 사람도 아브라함의 자손임이로다"라고 선언하셨습니다.

채울 수 없는 인간의 허전한 마음을 주님께서 기쁨과 사랑으로 채우셨습니다. 다른 사람의 재물을 불의한 방법으로 빼앗아도 만족을 모르던 자가 자기 것을 가난한 자들에게 모두 나누어 주겠다고 나선 것입니다.

보이는 세상에는 만족이 없습니다. 보고 만질 수 있는 것으로는 행복을 누릴 수가 없습니다. 주님에게서 오는 것이어야 합니다. 주님이 주시는 것으로만 인간은 행복을 누릴 수 있습니다. 보이지 않지만 감격스럽습니다. 만질 수 없지만 평안하고 행복합니다.

예수님이 아니면 인간은 만족을 누릴 수 없습니다. 행복할 수가 없습니다. 만족함이 없으면 욕망이 생기고 욕심이 잉태하면 죄를 짓고 죄를 지으면 심판을 받습니다. 성령님께서 내 안에 오셔야 사람은 만족합니다. 은혜를 받아야 고마움으로 행복합니다.

삭개오는 예수님을 영접하자 기쁨이 넘치기 시작했습니다.

예수님은 "인자가 온 것은 잃어버린 자를 찾아 구원하려 함이니라"(눅 19:10)라고 말씀하셨습니다.

잃어버린 행복을 찾아주시기 위해 예수님께서 이 세상에 오셨습니다. 잃어버린 기쁨과 평화를 찾아주셨습니다. 잃어버린 의와 진실을 찾아주셨습니다. 잃어버린 양심과 사랑을 찾아주셨습니다.

행복을 바라는 이 땅의 모든 사람들에게 예수님을 증언해 주어야 하는 거룩한 이유가 바로 여기에 있습니다.

해 아래 이 세상에 있는 것은 새것이 없습니다

솔로몬은 "무엇을 가리켜 이르기를 보라 이것이 새것이라 할 것이 있으랴 우리가 있기 오래전 세대들에도 이미 있었느니라"(전 1:10)라고 탄식합니다.

이 세상에는 새것이라 부를 만한 것이 아무것도 없습니다.

지금 당하는 고통도 나만 당하는 것이 아닙니다. 이미 누군가 이 고통을 당했습니다. 지금 나만이 이 불행을 당한 것이 아니라 이미 있었던 것이 나에게 왔을 뿐입니다. 지금 성공하고 있다면 이미 누군가가 다 맛보았던 것이 나에게 왔을 뿐입니다. 새것이 없습니다.

내가 세상에서 누리는 기쁨이 있다 해도 이 기쁨은 이미 누군가 다 누렸던 것입니다. 죽음노 나만의 것이 아닙니다. 누구나 다 죽습니다.

이 세상에 있는 것들은 모두 지상 역사 안에 있던 것이고 반복되는 것들입니다. 죽을 것들이며 없어질 것들입니다. 새것이란 아무것도 없습니다. 모두 이미 있었던 것이고 낡아가는 것뿐입니다. 그래서 허탄한 것으로 가득 찬 세상을 보시고 하나님께서도 한탄하셨습니다 (창 6:6). 예수님께서도 부패하고 타락한 예루살렘 성을 보시고 눈물을 흘리시며 탄식하셨습니다(눅 13:34).

어디에서 새것을 찾을 수 있습니까?

예수님 안에서 새것을 얻을 수 있습니다.

"그런즉 누구든지 그리스도 안에 있으면 새로운 피조물이라 이전 것은 지나갔으되 보라 새것이 되었도다"(고후 5:17)

예수님은 죄와 죽음의 땅에 오셔서 새 역사를 시작하셨습니다. 예수님은 인간으로서 마땅히 살아가야 할 새 계명을 주셨습니다.

옛것은 다 지나갔습니다. 이전 것은 문제 삼지 않습니다. 영혼과 인격이 새로 지음 받습니다. 마음도 새롭고 인생을 살아가는 기분도 새롭습니다. 새 존재(New Being)가 되었습니다. 중생했습니다. 거듭난 새사람입니다. 하늘 백성이고 천국 시민이며 하나님의 아들이고 딸입니다.

"오호라 나는 곤고한 사람이로다 이 사망의 몸에서 누가 나를 건져내랴"(롬 7:24)

이렇게 절망의 구렁텅이에서 탄식한 사람은 바울이라는 철학자이며 유대 율법학자였습니다. 그러나 그는 예수님을 만나고 "그러므로 이제 그리스도 예수 안에 있는 자에게는 결코 정죄함이 없나니 이는 그리스도 예수 안에 있는 생명의 성령의 법이 죄와 사망의 법에서 너를 해방하였음이라"(롬 8:1-2)라고 예수 안에서의 자유와 해방을 감격하고 고백합니다.

바울은 "내가 너희 중에서 예수 그리스도와 그가 십자가에 못 박히신 것 외에는 아무 것도 알지 아니하기로 작정하였음이라"(고전 2:2)라고 했습니다.

예수님께서는 "진리를 알지니 진리가 너희를 자유롭게 하리라"(요 8:32)라고 하셨습니다.

예수님 안에서 새로운 피조물로 재창조되고 거듭난 천국 백성들이 바라보는 세계는 새 하늘과 새 땅(계 21:1-4)이라는 축복입니다.

"모든 눈물을 그 눈에서 닦아 주시니 다시는 사망이 없고 애통하는 것이나 곡하는 것이나 아픈 것이 다시 있지 아니하리니 처음 것들이 다 지나갔음이러라"(계 21:4)

새 시간이 오고 있습니다.

"헛되고 헛되며 헛되고 헛되니 모든 것이 헛되도다"라는 허무가를 한숨으로 부르는 시간이 아닙니다.

새 세명, 새 질서, 새 생명을 받은 사람들이 살아가는 새 하늘과 새 땅을 약속받았습니다.

"새 계명을 너희에게 주노니 서로 사랑하라 내가 너희를 사랑한 것 같이 너희도 서로 사랑하라"(요 13:34)

주님께서 새 하늘과 새 땅의 은총을 주셨습니다. 이제는 탄식할 시간이 없습니다.

하나님을 사랑하고 사람들을 사랑하기 위해서 살아야 하는 새롭게 거듭난 하늘 백성들은 한숨을 쉬고 허무가를 부를 시간이 없습니다.

"헛되고 헛되며 헛되고 헛되니 모든 것이 헛되도다"라고 탄식한 부귀와 영화의 왕은 마지막 순간 숨을 몰아쉬면서 이런 말을 남겨놓고 눈을 감았습니다.

"일의 결국을 다 들었으니 하나님을 경외하고 그의 명령들을 지킬지어다 이것이 모든 사람의 본분이니라"(전 12:13)

19장

그래도 살아야 하는 이유

먼저 말씀을 읽고 묵상하십시오.

빌립보서 1장 18-26절

18. 그러면 무엇이냐 겉치레로 하나 참으로 하나 무슨 방도로 하든지 전파되는 것은 그리스도니 이로써 나는 기뻐하고 또한 기뻐하리라

19. 이것이 너희의 간구와 예수 그리스도의 성령의 도우심으로 나를 구원에 이르게 할 줄 아는 고로

20. 나의 간절한 기대와 소망을 따라 아무 일에든지 부끄러워하지 아니하고 지금도 전과 같이 온전히 담대하여 살든지 죽든지 내 몸에서 그리스도가 존귀하게 되게 하려 하나니

21. 이는 내게 사는 것이 그리스도니 죽는 것도 유익함이라

22. 그러나 만일 육신으로 사는 이것이 내 일의 열매일진대 무엇을 택해야 할는지 나는 알지 못하노라

23. 내가 그 둘 사이에 끼었으니 차라리 세상을 떠나서 그리스도와 함께 있는 것이 훨씬 더 좋은 일이라 그렇게 하고 싶으나

24. 내가 육신으로 있는 것이 너희를 위하여 더 유익하리라

25. 내가 살 것과 너희 믿음의 진보와 기쁨을 위하여 너희 무리와 함께 거할 이것을 확실히 아노니

26. 내가 다시 너희와 같이 있음으로 그리스도 예수 안에서 너희 자랑이 나로 말미암아 풍성하게 하려 함이라

삶과 죽음의 갈림길에서 깊이 고뇌하며 몸부림치는 한 전도자가 있습니다. 이 사람은 장가도 가지 않은 몸으로 혼자 떠돌아다니며 복음을 전하는 사도 바울입니다.

바울의 고뇌는 '죽어야 하느냐, 살아야 하느냐?' 이것이었습니다.

"내가 그 둘 사이에 끼었다"(빌 1:23)는 말씀의 뜻은 죽음과 삶이라는 갈림길에서 죽음을 선택하든지 삶을 선택하든지 무엇인가 결단을 요청받고 있는 인간의 절박한 모습을 말해주고 있습니다.

'나는 죽지 않고 살아야 한다'는 삶의 거룩한 이유를 알지 못하고 죽지 못해 사는 인생이라면 죽은 자와 하등 다를 바가 없습니다.

바울, 이 사람은 죽고 싶었습니다. 이 세상을 미련 없이 떠나고 싶었습니다.

"내가 그 둘 사이에 끼었으니 차라리 세상을 떠나서 그리스도와 함께 있는 것이 훨씬 더 좋은 일이라"(빌 1:23)

이 세상을 떠나 주님 계신 천국에 들어가는 것이 훨씬 좋겠다는 것입니다. 이 세상에 더 이상 머물고 싶지 않은 바울 사도의 이 외로운 마음은 무엇 때문이었을까요?

그것은 말로 다할 수 없는 고생 때문이었습니다.

바울이 이 말씀을 받고 있는 장소는 감옥입니다. 사도의 일생은 한마디로 고난의 삶이었습니다. "예수를 믿어야 구원받는다"고 하는 이유 하나 때문에 수없이 매를 맞아야 했고 핍박을 받았습니다. 멸시와 천대를 받고 억울한 누명을 쓰고 감옥에 갇혀야 했습니다. 수없이 분한 일들을 당했습니다.

사도는 차라리 죽음을 택하고 싶었습니다. 이제 이 세상을 떠나고 싶었습니다. 조용히 두 눈을 감고 싶었습니다. 주님이 계신 천국에서 오직 주님과 함께 안식을 누리고 싶었습니다.

가정의 즐거움도 행복도 없습니다. 사랑해주어야 할 아내도 없습니다. 기대할 자식도 없습니다. 오직 일생을 복음에 미쳐서 복음만 전하며 살아왔습니다. 그러나 부딪치는 것은 고생뿐입니다. 고통뿐입니다. 냉대와 거절, 굶주림과 외로움뿐이었습니다.

사람은 고생이 너무 심하면 죽고 싶습니다. 괴로움이 너무 심하면 삶을 포기하고 싶습니다. 희망이 보이지 않으면 사람은 삶의 힘을 잃어버립니다. 살아야 하는 이유가 없을 때 사람은 스스로 목숨을 끊습니다.

이 세상을 살아가는 모든 사람은 지치고 실망할 때 죽음을 생각합니다. 낙심하고 절망할 때 죽고 싶다는 생각을 하게 됩니다. 피곤하고 외로울 때 세상을 떠나고 싶은 생각에 사로잡힙니다.

기도의 사람, 기적의 사람 엘리야가 갈멜산에서 바알 선지자들과 싸워 승리했습니다. 그리고 그의 간절한 기도로 3년 6개월 동안이나 닫혔던 하늘 문이 열려 비가 쏟아졌습니다.

이 엄청난 승리 후에 아합왕의 아내 이세벨은 군대를 풀어 엘리야를 죽이려고 쫓아다닙니다. 이세벨의 칼날을 피하여 도망 다니다가 지쳐버린 엘리야는 로뎀나무 아래에 앉아서 죽어버리고 싶었습니다.

"여호와여 넉넉하오니 지금 내 생명을 거두시옵소서"(왕상 19:4)

엘리야는 사는 것보다 죽는 것이 훨씬 낫겠다고 탄식했습니다.

욥을 기억하고 계십니까? 욥은 선하고 의롭게 살아왔는데 너무 견디기 어려운 고통을 당합니다.

하루아침에 많은 재산이 다 날아가고 하루아침에 집이 무너져 열 명의 자식이 모두 죽어버립니다. 아내마저도 배반하고 떠납니다. 그뿐 아니라 머리에서부터 발끝까지 병이 들어 잿더미 위에서 진물이 나는 몸뚱이를 질그릇 조각으로 긁적거리고 있습니다.

하나님과 사람에게 버림받았다고 생각되는 순간 욥은 "어찌하여 내가 태에서 죽어 나오지 아니하였던가 어찌하여 내 어머니가 해산할 때에 내가 숨지지 아니하였던가"(욥 3:11)라고 탄식합니다.

그러나 바울은 살아야겠다고 외칩니다. 죽고 싶을 정도로 고생스럽고 어려운 삶이었지만 죽음을 택하지 않고 삶을 선택했습니다.

"내가 육신으로 있는 것이 너희를 위하여 더 유익하리라"(빌 1:24)

우리도 이 세상을 살아갈 때 피곤하고 힘들고 고달프더라도 삶의 용기를 잃어버리지 말고 삶을 선택해야 합니다. 낙심하지 말고 절망하지 말고 삶을 선택해야 합니다. 포기하지 말고 희망을 가져야 합니다.

사도가 죽음을 선택하지 않고 삶을 선택한 이유, 용기백배하여 생명을 선언한 이유는 무엇입니까?

천국이 있음을 믿기 때문이었습니다

바울은 부활하신 예수님을 직접 만났습니다. 바울은 셋째 하늘까지 끌려 올라갔었습니다(고후 12:2).

바울은 천국에 들어가는 것이 마지막 소망이었습니다. 세상에서 핍박을 받고 버림을 당할 때도 "우리의 시민권은 하늘에 있는지라"

(빌 3:20) 하고 천국을 바라보고 참고 견뎠습니다.

세상에서 먹고 마시는 것이 문제가 될 때 "하나님의 나라는 먹는 것과 마시는 것이 아니요 오직 성령 안에 있는 의와 평강과 희락이라"(롬 14:17) 하고 하늘나라의 신령한 은혜를 사모했습니다.

말이 많은 세상을 본 바울은 "하나님의 나라는 말에 있지 아니하고 오직 능력에 있음이라"(고전 4:20) 하고 천국의 능력을 증거했습니다.

이 세상은 우리가 영원히 살아야 할 곳이 아닙니다. 잠깐 살다가 떠나야 할 곳입니다. 어디로 떠나는 것입니까?

예수를 믿고 회개하여 거듭난 사람은 천국으로 갑니다(요 3:5). 그러나 예수를 믿지 않는 사람은 모두 지옥에 떨어집니다(계 21:8). 그러므로 이 세상에 살아있을 때 해야 할 가장 큰 일은 천국에 들어가는 준비를 하는 것입니다.

예수님께서는 누가복음 16장에서 부자와 나사로의 비유를 통해 천국과 지옥에 대해서 가르쳐주셨습니다.

한 부자가 있었는데 이 부자는 많은 돈으로 좋은 옷을 입고, 좋은 음식과 술로 세상의 쾌락과 즐거움을 누렸습니다. 이 부자는 천국이나 지옥에 대해서는 아예 무관심했고 놀고먹고 마시는 데만 정신이 팔려 있었습니다. 그런데 부잣집 대문에는 나사로라는 거지가 주인이 먹다버린 음식 찌꺼기로 살아가고 있었습니다.

세월이 흘러 부자도 죽고 거지도 죽었습니다. 이 세상의 모든 사람은 빈부귀천, 남녀노소 없이 모두 죽습니다.

죽은 다음의 세계를 보니 나사로는 살아있을 때는 비록 거지였지만 천국에 들어가서 아브라함의 품에 안겨 천국의 즐거움과 기쁨과 사랑을 누리고 있었습니다.

그러나 부자를 보니 그는 불과 유황이 타는 불못에 떨어져 영원히 고통만 당하는 곳에서 물 한 방울을 얻지 못하여 비명을 지르며 몸부림을 치고 있었습니다.

아무리 재산이 많고 지식이 많더라도 이 세상에 살아있을 때 천국에 들어갈 준비를 하지 못한 사람은 모두 지옥불에 떨어집니다. 그 이름이 생명책에 기록되지 못한 자는 불과 유황이 타는 못에 떨어집니다.

그러나 아무리 가난하고 헐벗은 자라도 예수님을 믿어 구원받은 사람은 천국에 들어가 영생복락을 누리게 됩니다.

부잣집 대문에 앉아서 멸시와 천대와 매를 맞을 때 거지는 죽고 싶었을 것입니다. 살아야 하는 이유가 없었습니다. 그러나 비록 거지였지만 죽을 때까지 살았습니다. 왜 살았습니까?

천국에 들어갈 준비를 하기 위해서 살았습니다. 천국이 있기 때문에 살아야 한다는 말입니다. 비록 돈은 없지만 우리는 살아야 합니다. 천국이 있기 때문입니다. 비록 세상에서 부귀영화를 누리지 못하지만 그래도 살아야 합니다. 천국이 있기 때문입니다. 비록 세상에 큰 이름을 낼 수 없는 무명한 자이고 알아주는 사람 없는 무능한 자이지만 살아야 합니다. 왜냐하면 천국이 있기 때문입니다.

천국은 누구에게나 약속되어 있습니까? 천국은 예수 믿는 사람에게 허락하시는 하나님의 선물이요 은총이요 영원한 축복입니다.

천국은 예수님을 믿으면 들어갑니다. 예수님을 믿는다는 말은 하나님의 사랑을 예수님만큼 믿는다는 뜻입니다. 하나님의 사랑이 예수님으로 나타나셨습니다. 십자가는 하나님의 사랑이 드러난 자리입니다.

하나님과 예수님은 동일하신 분입니다. 예수님의 십자가 사건은 목숨을 내어놓을 만큼 나를 사랑하시는 하나님의 사랑 사건이었습니다. 이 사실을 믿으면 천국에 들어가는 자격을 주십니다. 하나님의 사랑을 받은 자는 천국이 약속되었기 때문에 살아야 합니다.

할 일이 있기 때문에 살아야 합니다

바울은 "너희 믿음의 진보와 기쁨을 위하여"(빌 1:25) 살아야 한다고 했습니다.

엘리야가 죽고 싶은 마음이 간절했을 때 하나님께서는 엘리야에게 힘을 주시고 용기를 주시며 살려주셨습니다. 그 이유는 하사엘에게 기름을 부어 아람 왕을 세워야 할 사명이 아직 남아있고, 예후에게 기름을 부어 이스라엘 왕을 세워야 할 사명이 있으며, 엘리사를 세워 후계자가 되게 하는 사명이 있기 때문이었습니다(왕상 19:15-16).

할 일 없는 자는 살아 있으나 죽은 자입니다. 할 일을 찾아야 합니다. 사명을 발견해야 합니다. 바울 사도는 죽을 수 없었습니다. 왜냐하면 복음을 전해야 하기 때문입니다.

이 세상에서 가장 크고 위대한 일은 복음을 전하는 일입니다. 인간 세상에서 가장 중요한 일을 지금 하나 꼽으라고 한다면 복음을 전하는 일입니다.

하나님을 가장 기쁘게 해드리는 한 가지 일을 말하라고 하면 두 말할 것도 없이 복음을 전하는 일입니다.

바울은 고생스럽고 힘들어도 살아야 할 이유가 있었습니다. 복음을 전해야 한다는 이 거룩한 사명 때문이었습니다.

복음을 전해주는 것은 생명을 살려주는 일입니다. 지옥에 가지 않고 천국으로 인도하는 길은 복음을 전해주는 길 이외에는 다른 방법이 없습니다.

예수님께서 이 세상을 떠나 천국으로 올라가시면서 마지막으로 하신 말씀은 "땅끝까지 복음을 전하라"(행 1:8)는 것이었습니다.

우리가 이 땅에 살아야 하는 이유는 교회를 세우고 복음을 전하기 위해서입니다. 일하는 목적도, 공부하는 목적도, 먹고 입고 마시는 것도 모두 복음을 전하기 위해서 해야 합니다.

예수님께서는 "가자 거기서도 전도하리니 내가 이를 위하여 왔노라"(막 1:38)라고 말씀하셨습니다. 예수님께서는 이 땅에 전도하시려고 오셨습니다.

우리는 천국이 있기 때문에 살아야 합니다. 천국에 들어가려면 이 땅에 살아있을 때 예수님을 믿어야 합니다. 뿐만 아니라 복음을 전하기 위해서 살아야 합니다.

바울은 아직도 구원받아야 할 사람들이 많기 때문에 죽지 않고 삶을 택했습니다. 우리도 낙심하지 않고 절망하지 않고 천국을 바라보며 있는 힘을 다해서 살아야 합니다.

주님은 나를 통해서 천국이 증거되기를 원하십니다. 우리는 예수님을 믿으면 행복하게 살 수 있다는 것을 세상에 보여주어야 합니다. 믿음으로 살면 반드시 인생의 승리자가 된다는 것을 보여주어야 합니다. 인생은 이렇게 살아야 하는 것이라고 외쳐야 합니다. 천국을 보여주고 영생을 증거하기 위해서 살아야 합니다.

20장 고생하며 웃는 사람들

먼저 말씀을 읽고 묵상하십시오.

베드로전서 4장 12-19절

12. 사랑하는 자들아 너희를 연단하려고 오는 불 시험을 이상한 일 당하는 것 같이 이상히 여기지 말고

13. 오히려 너희가 그리스도의 고난에 참여하는 것으로 즐거워하라 이는 그의 영광을 나타내실 때에 너희로 즐거워하고 기뻐하게 하려 함이라

14. 너희가 그리스도의 이름으로 치욕을 당하면 복 있는 자로다 영광의 영 곧 하나님의 영이 너희 위에 계심이라

15. 너희 중에 누구든지 살인이나 도둑질이나 악행이나 남의 일을 간섭하는 자로 고난을 받지 말려니와

16. 만일 그리스도인으로 고난을 받으면 부끄러워하지 말고 도리어 그 이름으로 하나님께 영광을 돌리라

17. 하나님의 집에서 심판을 시작할 때가 되었나니 만일 우리에게 먼저 하면 하나님의 복음을 순종하지 아니하는 자들의 그 마지막은 어떠하며

18. 또 의인이 겨우 구원을 받으면 경건하지 아니한 자와 죄인은 어디에 서리요

19. 그러므로 하나님의 뜻대로 고난을 받는 자들은 또한 선을 행하는 가운데에 그 영혼을 미쁘신 창조주께 의탁할지어다

이스라엘 사람들이 즐겨 읽는 《탈무드》라는 책에 보면 이런 수수께끼가 씌어 있습니다.

"인간의 눈은 흰 부분과 검은 부분으로 이루어져 있는데 어찌하여 신은 검은 부분으로만 물체를 보도록 만든 것일까?"

그 답은 다음과 같습니다.

"인생은 어두운 것을 통해서만 밝은 것을 볼 수 있기 때문이다."

인생을 믿음으로 살아가는 사람은 뜨거운 여름이 지나면 풍요로운 가을이 올 것을 믿고 기다립니다. 폭풍우가 몰아친 다음에는 반드시 찬란한 무지개가 뜰 것을 믿고 살아갑니다.

사람들은 고생을 싫어하고 평안함과 행복만을 찾습니다. 그러나 저녁이 없으면 아침을 기다릴 수 없듯이 어두운 고생의 날이 없으면 밝은 기쁨의 날은 오지 않습니다.

서양 속담에 "고생을 모르는 사람보다 이 세상에 더 불행한 사람은 없다"는 말이 있습니다. 행복해지려면 먼저 고생의 터널을 지나야 합니다.

고대 도시 폼페이는 주후 79년에 완전히 폐허가 되었습니다. 이 도시에는 두 개의 극장이 서로 마주보고 있었다고 합니다. 하나는 비극만 상영하는 슬픔과 눈물의 극장이고, 또 다른 극장은 희극만 상영하는 기쁨과 웃음의 극장이었습니다.

이것은 많은 사람들에게 지혜를 주었다고 합니다. 인생은 슬픔이 있어야 기쁨이 더욱 크다는 것이고, 인생을 살아가는 날 중에서 슬프고 마음 아픈 고생의 순간들을 탄식하지 말라는 것입니다.

하나님께서 성도들에게 고생스러운 인생살이를 허락하시는 이유가 있습니다.

신약 성경 베드로전서 4장 말씀은 하나님께서 핍박을 받고 수난을 당하는 성도들에게 베드로 사도를 통해 주시는 말씀입니다. 고생이 왔을 때 울지 말고 오히려 웃으라는 말씀입니다. "고생을 탄식하지 말고 고생을 기뻐하라"는 엄청난 역설의 말씀입니다.

어떻게 고생하면서 웃을 수 있습니까?

어떻게 고생하면서 감사할 수 있습니까?

"오히려 너희가 그리스도의 고난에 참여하는 것으로 즐거워하라 이는 그의 영광을 나타내실 때에 너희로 즐거워하고 기뻐하게 하려 함이라"(벧전 4:13)

바울 사도는 로마서 8장 17-18절에서 "우리가 그와 함께 영광을 받기 위하여 고난도 함께 받아야 할 것이니라 생각하건대 현재의 고난은 장차 우리에게 나타날 영광과 비교할 수 없도다"라고 주님의 말씀을 외칩니다.

베드로 사도 역시 "그러므로 너희가 이제 여러 가지 시험으로 말미암아 잠깐 근심하게 되지 않을 수 없으나 오히려 크게 기뻐하는도다 너희 믿음의 확실함은 불로 연단하여도 없어질 금보다 더 귀하여 예수 그리스도께서 나타나실 때에 칭찬과 영광과 존귀를 얻게 할 것이니라"(벧전 1:6-7)라고 했습니다.

지금 아무리 고생스럽더라도 생의 마지막이 영광으로 끝날 것을 믿는다면 고생되는 것이 뭐 그리 큰 문제가 되겠습니까?

믿음이란 무엇입니까? 아무리 고생스러워도 하나님 말씀대로 순종해 나가면 반드시 영광이 올 것을 아는 힘입니다.

하나님께서 아브라함이라는 75세 된 노인을 찾아가셨습니다.

"여호와께서 아브람에게 이르시되 너는 너의 고향과 친척과 아버지의 집을 떠나 내가 네게 보여 줄 땅으로 가라 내가 너로 큰 민족을 이루고 네게 복을 주어 네 이름을 창대하게 하리니 너는 복이 될지라"(창 12:1-2)

자식 하나 없었던 할아버지 아브라함은 할머니 사라와 함께 평생 살아왔던 정든 땅을 떠났습니다. 고생길로 떠났습니다. 낯설고 물 설은 사막의 땅을 순례하는 나그네의 외로움을 몸으로 부대끼며 정처 없이 떠났습니다.

이 고생의 세월이 장장 25년이나 계속되었습니다. 25년의 세월 동안 아브라함과 사라는 완전히 하나님만을 의지하는 깨끗한 믿음을 가지게 되었습니다. 그리고 그렇게 기다리고 기다렸던 이삭이라는 아들을 하나님께서 주셨습니다. 아브라함의 생의 마지막은 영광과 기적으로 끝났습니다. 고난의 세월을 '믿음'으로 살아가는 자의 마지막은 영광입니다.

그래서 베드로 사도는 핍박을 받고 고생하는 성도들을 향하여 "믿음의 결국 곧 영혼의 구원을 받음이라"(벤전 1:9)라고 했습니다.

지금 아무리 고생스러워도 큰 영광과 기쁨의 날이 온다면 오히려 지금 이 고생이 자랑스럽고 기쁘지 않겠습니까?

창세기 6장 8절에 보면 노아를 가리켜 "여호와께 은혜를 입었더라"고 했습니다. 노아는 하나님의 말씀을 믿었습니다. 망하지 않고 반드시 살 날을 믿었습니다. 다른 사람들이 놀고먹고 마실 때 노아는 산에 올라가 나무를 찍고 땀을 흘렸습니다. 다른 사람들이 잠자고 놀아날 때 노아는 나무를 다듬고 망치질을 했습니다. 다른 사람들이 다 배부르고 등 따스할 때 노아는 땀을 흘리며 고생했습니다. 이 세월이 백 년이 넘는 시간이었습니다.

은혜받은 노아의 믿음은 하나님의 말씀대로 세상 역사가 이루어진다는 믿음이었습니다. 드디어 40일 동안 낮과 밤을 가리지 않고 비가 쏟아져 세상이 멸망하게 되었을 때 방주를 짓느라고 고생한 노아와 그 가족만 구원을 받게 되었습니다.

우리가 미래의 영광을 바라본다면 고생을 이겨내야 합니다. 고생하는 것을 기뻐하고 감사해야 합니다.

"만일 그리스도인으로 고난을 받으면 부끄러워하지 말고 도리어 그 이름으로 하나님께 영광을 돌리라"(벧전 4:16)고 했습니다.

하나님의 말씀에 순종하느라고 고생하는 분이 있습니까? 자랑스러운 고생입니다. 선을 위해서 고생하는 분이 있습니까? 귀한 인생을 사는 것입니다.

"내 주를 가까이 하게 함은 십자가 짐 같은 고생이나 내 일생 소원은 늘 찬송하면서 주께 더 나가기 원합니다"라는 찬송을 부르며 살아야겠습니다. 예수님은 부활의 영광을 바라보시며 십자가의 부끄러움을 참으시고 오히려 고난의 일생을 보내셨습니다.

축복을 받으려면 고생을 해야 합니다

베드로 사도는 "너희가 그리스도의 이름으로 치욕을 당하면 복 있는 자로다"(벧전 4:14)라고 했습니다.

진실한 농부는 이른 봄날에 굳은 땅을 파서 옥토로 만드는 고생을 합니다. 심는 고생을 합니다. 뜨거운 여름날에는 가꾸는 고생을 합니다. 가을에는 곡식을 거두어들이는 수고를 합니다. 농부는 오직 풍성한 결실을 바라보고 모든 날의 고생을 견딥니다.

요셉이라는 소년은 형제들에게 미움을 받아 노예로 팔려갔습니다. 종살이의 고생 속에서도 요셉은 하나님의 뜻이 있음을 믿었습니다.

그러나 잘못되어 더 큰 어려움을 만나게 되었습니다. 그 어려움은 주인 여자의 거짓말로 요셉이 나올 수 없는 감옥에 들어가게 된 것입니다. 주인 여자는 유혹을 뿌리친 요셉을 모함하여 감옥에 보냈습니다. 얼마나 억울합니까?

억울한 고생이 이 세상에는 얼마든지 있습니다. 잘했는데 핍박이 왔습니다. 정직했는데 못된 자가 모함을 했습니다. 진실했는데 되지 못한 자의 올무에 걸리고 말았습니다.

그러나 요셉은 걱정하지 않았습니다. 지금 당하는 이 억울한 고생이 결코 헛되지 않을 것을 믿었습니다. 하나님의 뜻이 있음을 믿었습니다. '분하고 억울한 눈물' 속에는 기어코 무엇을 하시고자 하는 하나님의 뜻이 있다고 믿었습니다.

요셉은 입을 다물었습니다. 아무 말도 하지 않았습니다. 하나님께서 어떻게 하실 것을 믿었습니다. 드디어 요셉은 바로왕의 꿈을 해석하게 되고 애굽 나라의 총리대신이 되어 높은 권좌에 오르게 되었습니다.

요셉의 지혜로 모든 백성이 기근을 면하여 살게 되었습니다. 요셉은 자기를 종으로 팔아버린 형들을 만났을 때 보복하지 않고 끝까지 사랑했습니다. 자기를 팔아버린 형들은 요셉에게 모두 무릎을 꿇게 되었습니다. 요셉이 자기를 모함하여 감옥에 보낸 보디발의 아내와 그 자손들에게 원수를 갚았다는 말이 없습니다.

요셉은 창세기 45장에서 두려워 떨고 있는 형들에게 믿음의 위대한 말씀을 선언합니다.

"당신들이 나를 이 곳에 팔았다고 해서 근심하지 마소서 한탄하지 마소서 하나님이 생명을 구원하시려고 나를 당신들보다 먼저 보내셨나이다 그런즉 나를 이리로 보낸 이는 당신들이 아니요 하나님이시라 하나님이 나를 바로에게 아버지로 삼으시고 그 온 집의 주로 삼으시며 애굽 온 땅의 통치자로 삼으셨나이다"(창 45:5, 8)

또 창세기 50장 20절에 "당신들은 나를 해하려 하였으나 하나님은 그것을 선으로 바꾸사 오늘과 같이 많은 백성의 생명을 구원하게 하셨다"라고 했습니다.

이해할 수 없는 고난이 올 때가 있습니다. 억울한 고난이 올 때가 있습니다. 그러나 하나님의 뜻이 있음을 믿고 기다려야 합니다. 하나님은 그 고생과 억울함과 인간의 악함을 선으로 바꾸어서 만민에게 하나님의 축복을 증거하시려는 계획이 있다는 것을 믿어야 합니다.

좋은 날을 보기 원합니까?

그러면 비가 오고 바람이 부는 날도 있어야 합니다.

축복의 날을 기다립니까?

그렇다면 우리는 믿음을 갖기 위해서 고생을 해야 합니다. 고생하지 않고 하나님의 기적을 본 사람은 없습니다. 몸부림치는 기도 없이 응답의 축복을 받은 사람은 없습니다.

십자가를 지는 죽음 없이 부활의 영광을 소유할 수 없습니다. 가나안 땅에 들어가려면 목마르고 배고픈 광야를 지나야 합니다. 쌓을 곳이 없을 만큼 하나님의 풍요로운 축복을 받으려면 죽도록 충성하는 고통과 몸과 마음을 드리는 희생이 있어야 합니다.

그리스도의 고난에 참여하지 않고 천국의 영광을 누릴 수는 없습니다. 믿기 위해서 고생하는 것은 자랑스러운 것입니다. 봉사하고 충성하기 위해서 고생하는 것은 모두 축복으로 바뀝니다. 선을 위해서 고생하고, 주님을 위해서 고생하고, 공의를 위해서 스스로 고생을 자처하는 성도야말로 미래가 영광으로 가득 찬 성도입니다.

예수님은 스스로 고난의 길인 이 세상에 오셨습니다. 예수님의 고난 때문에 교회가 오늘 여기에 있고 말씀이 주어지고 은혜가 우리에게 임하고 있습니다.

역사의 개척자는 고생을 두려워하지 않습니다

언제나 무엇인가를 시작하려는 사람은 고생을 두려워하지 않습니다. 고생을 두려워하지 않고 일을 하는 조상의 후손들은 복을 받아 잘 살게 됩니다.

저는 할아버지와 할머니를 자랑스럽게 생각합니다. 저는 아버지와 어머니를 자랑스럽게 여깁니다. 농부이고 먹을 것이 없어 남의 집에 머슴살이도 하셨지만 저는 이런 선조들을 자랑합니다. 왜냐하면 엄청난 고생을 하면서도 자손을 위해서 참고 견디면서 사셨기 때문입니다. 어렵고 힘든 환경에서도 하나님을 믿은 믿음의 개척자였기 때문입니다.

시작한다는 것은 결단이고 모험이며 희생을 요구합니다.

이 땅에 여러분과 제가 살아있다는 것은 무슨 뜻입니까?

하나님을 위하여 새로운 역사를 창조하고 건설하도록 사명을 받은 것 아닙니까?

믿음의 선조들이 물려 준 이 교회와 성전을 아무 관심 없이 받아 누리기만 하다가 이 세상을 떠나 주님 앞에 간다면 얼마나 주님께 부끄럽겠습니까?

야곱은 이스라엘의 개척자였습니다. 그는 젊은 날에 부모를 떠나 타향살이, 머슴살이, 처가살이를 하면서 밑바닥 인생을 살았던 사람이었습니다. 하나님은 야곱의 이름을 '이스라엘'로 바꾸어주셨고, '이스라엘'이라는 이름이 민족의 이름으로 영원히 불려지게 하셨습니다.

하나님에게 '이스라엘'이라는 이름을 받아낸 야곱! 그는 어떤 사람인가요?

창세기 31장 40절에 야곱이 살아온 세월을 돌이키며 회고할 때 "내가 이와같이 낮에는 더위와 밤에는 추위를 무릅쓰고 눈 붙일 겨를도 없이 지냈나이다"라고 고생한 날들을 고백합니다.

또한 바로왕 앞에서 "내 나그네 길의 세월이 백삼십 년이니이다 내 나이가 얼마 못 되니 우리 조상의 나그네 길의 연조에 미치지 못하나 험악한 세월을 보내었나이다"(창 47:9)라고 말합니다.

험악한 세월! 외로운 나그네의 세월! 이것이 이 땅에서 하나님의 역사를 개척했던 야곱의 마지막 인생 회고였습니다.

그러나 아무리 험악한 세월을 살고 아무리 서러운 나그네의 고달픈 삶이었다 해도 마침내 '이스라엘'이라는 거룩한 승리와 축복의 이름을 받아냈습니다. 하나님은 새로운 축복을 주셨습니다. 하나님은 영광을 주셨습니다. 하나님은 역사의 개척자인 야곱의 나그네 인생길에 함께 걸어오셨습니다.

가난한 자가 부자가 되려면 고생을 두려워하지 않아야 합니다. 실패한 자가 성공하려면 고생을 즐거움으로 알고 땀을 흘려야 합니다. 성도가 교회 부흥을 원하면 희생하고 봉사하며 전도하는 고생을 해야 합니다. 하늘나라에 가서 상을 받으려면 이 땅에서 고생을 즐거워해야 합니다.

예수님은 죄 많고 슬픔이 있는 세상에 천국의 문을 열어놓으셨습니다. 십자가에서 부르짖는 예수님의 죽음의 소리로 천국 문이 열렸습니다. 고생하는 기쁨, 고생을 웃으면서 할 수 있는 사람이야말로 영광이 오고 있으며, 축복이 약속되어 있으며, 새로운 하나님의 역사를 세우는 인물입니다.

인생을 다 살고 이 세상을 떠날 때 다른 말을 하지 않고 "나그네 길의 세월, 험악한 세월을 보냈습니다"라고 웃으며 눈을 감는 것이 소원이어야 합니다. 이 세상은 놀다 가는 곳이 아니라 일하다가 가는 곳입니다. 고생하며 웃는 사람들이 인생 최후의 승리자들입니다.

21
장

감사하는 사람의 행복

먼저 말씀을 읽고 묵상하십시오.

사무엘상 25장 14-19절

14. 하인들 가운데 하나가 나발의 아내 아비가일에게 말하여 이르되 다윗이 우리 주인에게 문안하러 광야에서 전령들을 보냈거늘 주인이 그들을 모욕하였나이다

15. 우리가 들에 있어 그들과 상종할 동안에 그 사람들이 우리를 매우 선대하였으므로 우리가 다치거나 잃은 것이 없었으니

16. 우리가 양을 지키는 동안에 그들이 우리와 함께 있어 밤낮 우리에게 담이 되었음이라

17. 그런즉 이제 당신은 어떻게 할지를 알아 생각하실지니 이는 다윗이 우리 주인과 주인의 온 집을 해하기로 결정하였음이니이다 주인은 불량한 사람이라 더불어 말할 수 없나이다 하는지라

18. 아비가일이 급히 떡 이백 덩이와 포도주 두 가죽 부대와 잡아서 요리한 양 다섯 마리와 볶은 곡식 다섯 세아와 건포도 백 송이와 무화과 뭉치 이백 개를 가져다가 나귀들에게 싣고

19. 소년들에게 이르되 나를 앞서 가라 나는 너희 뒤에 가리라 하고 그의 남편 나발에게는 말하지 아니하니라

은혜를 감사하지 않으면 결국 망합니다.

사무엘상 25장의 말씀은 은혜를 은혜로 기억하지 못하는 자의 비참한 종말을 교훈으로 주고 있습니다. 뿐만 아니라 은혜를 기억하고 감사한 자의 행복에 대해서 또한 증언해주고 있습니다.

말씀의 내용은 이렇습니다.

이스라엘 역사에 새 시대를 열어놓았던 사무엘 선지자가 죽었습니다. 그러자 다윗은 큰 슬픔을 느꼈습니다. 늘 사울의 위협을 피하여 산과 들판으로 쫓겨 다니던 다윗에게 용기와 희망을 주고 하나님의 뜻을 가르쳐주었던 선지자가 사무엘이었습니다.

다윗은 사무엘의 죽음을 슬퍼하며 사울에게 쫓겨 또다시 바란 광야로 망명의 길을 떠납니다. 다윗이 마온 황무지라는 곳에 머물게 되었을 때 그는 몹시도 배고프고 지쳐 있었습니다. 바로 그때 마온에서 얼마 떨어지지 않은 갈멜의 언덕에서는 양털을 깎는 큰 잔치가 열리고 있었습니다.

양이 삼천이고 염소가 일천인 많은 재산을 가지고 있었던 사람은 '나발'이라는 사람이었고 그 부인은 '아비가일'이라는 여인이었습니다. 아마도 그때는 수천 마리의 양털을 깎을 때에 큰 잔치를 열어 그 수확을 함께 즐거워하고 기뻐했던 것 같습니다.

다윗은 그 소식을 듣고 열 명의 병사들을 선발하여 나발에게 보냅니다. 나발은 음식을 얻으러 온 병사들에게 모욕을 주며 "도대체 다윗이 누구냐? 이새의 아들이 누구냐?" 하면서 빈손으로 돌려보냅니다.

다윗이 나발에게 음식을 요구할 수 있었던 것은 이유가 있었습니다. 나발의 목자들이 바란 광야에서 양들을 먹일 때에 사나운 짐승이 나타나 양을 잡아먹고, 사막의 도적이라 불리는 아말렉 족속 등 많은 도적떼들이 나발의 짐승 떼를 도적질하려고 할 때 다윗과 그 부하들이 목숨을 걸고 나발의 재산을 보호해주었습니다. 그래서 새끼 양 한 마리도 손해 보는 일이 없었습니다.

나발의 부하들은 다윗의 은혜를 기억하고 있었습니다. "그 사람들이 우리를 매우 선대하였으므로 우리가 다치거나 잃은 것이 없었으니

우리가 양을 지키는 동안에 그들이 우리와 함께 있어 밤낮 우리에게 담이 되었음이라"(삼상 25:15-16)

다윗은 나발의 생명과 재산을 보호해주는 담이 되었습니다. 그런데 나발은 다윗의 은혜를 잊어버리고 오히려 은혜를 원수로 갚았습니다.

다윗은 그 소식을 듣고 4백 군사에게 칼을 들게 하여 나발을 즉시 쳐 죽여 없애려고 달려가게 했습니다. 그때 이 소식을 들은 나발의 부인 아비가일은 많은 음식과 예물을 나귀에 싣고 급히 떠나 다윗을 만났습니다. 다윗은 아비가일의 지혜로운 행동과 감사에 마음이 감동되어 뽑았던 칼을 도로 거두고 그들을 살려주었습니다.

그러나 열흘이 안 되어 나발은 하나님의 심판으로 죽었고 아비가일은 다윗왕의 아내로 들어가게 되었습니다.

하나님이 나발을 통하여 주시는 교훈

'나발'이라는 말은 '맛없는 자', '가치 없는 자'라는 뜻을 가지고 있습니다.

삶에 대한 고마움 없이 살아가는 사람보다 더 불행한 사람이 어디 있겠습니까? 사람은 누구나 자기 혼자 힘으로 살아갈 수 없습니다. 하나님에 의해서 지금 살아있고 그 은혜로 여기까지 오게 되었습니다.

나발이 살아있는 것은 다윗이 밤낮으로 담이 되어 주었기 때문입

269

니다. 나발의 재산이 번성할 수 있었던 것은 밤낮으로 지켜주었던 다윗의 수고와 희생이 있었기 때문입니다.

그런데 나발은 다윗을 배반했습니다. 다윗의 은혜를 새카맣게 잊어버렸습니다. 은혜를 잊어버린 나발의 인간성은 생명과 삶에 대한 감사 없이 살아가는 오늘의 인간들을 대변해주고 있습니다.

나발은 어떤 인간이었습니까?

첫째, 나발은 교만한 사람이었습니다.

다윗이 보낸 병사들에게 "다윗은 누구며 이새의 아들은 누구냐" (삼상 25:10)라고 모른 척하며 거드름을 피웠습니다. 나발이 왜 다윗을 모르겠습니까? 나발은 다윗의 도움으로 내가 이렇게 부유함을 누리는 것이 아니라고 말합니다.

감사하지 못하는 사람은 누구의 도움에 의해서 내가 이렇게 살아왔다고 생각하지 않습니다. 내가 노력해서 돈을 벌었고 내가 땀을 흘려서 이만큼이나 이루었다고 생각합니다.

내가 땀 흘리며 애를 썼으니 이렇게 돈도 벌고 살아왔지, 누구의 도움으로 내가 살아온 줄 아느냐 하고 자신의 노력에 모든 공로를 돌려버립니다. 오직 내 힘으로 살아왔다고 말합니다. 이것이 교만입니다. 교만한 사람은 속 깊은 감사를 할 줄 모릅니다.

둘째, 나발은 물질주의자였습니다.

"내가 어찌 내 떡과 물을 알지 못하는 자들에게 주겠느냐"(삼상 25:11)라고 나발은 단호하게 거절합니다.

나발은 떡과 물이 다 내것이라고 생각했습니다. 오늘 한국사회를 휩쓸고 있는 타락한 사상의 하나가 물질주의입니다. 돈을 벌어 자기 이름을 새겨 넣습니다. 땅을 파고 자기 이름을 새겨 둡니다. 돈을 벌어야 행복하고 가진 것으로 사람을 평가하는 세상이 되었습니다.

물질주의자는 인간의 행복이 부동산을 소유하는 데 있는 것이 아니라 정신 속에 있음을 알지 못합니다. 물질의 가치는 필요한 자에게 주어질 때 비로소 제 값을 합니다.

떡과 물이 내것이라고 믿었던 나발은 물 한 대접, 떡 한 덩이를 배고프고 목마른 자에게 내어주지 않았습니다. 돈이면 다 된다는 사람은 삶 깊은 곳에 감사의 물줄기가 바싹 말라버린 사람입니다.

셋째, 나발은 향락주의자였습니다.

"아침에 나발이 포도주에서 깬 후에"(삼상 25:37)라고 기록되어 있습니다. 나발은 지금 무슨 일이 일어나는 줄도 모르고 술에 취하여 흥청거리고 있습니다.

향락주의자는 마음속에 정의감이 없습니다. 옳고 그른 것을 구분하지 못합니다. 자신의 욕망을 채우기 위하여 마치 암내 난 들나귀처럼 구석구석을 헤매고 다닙니다. 하나의 향락을 즐기면 또 다른 향락을 찾아 헤매는 것이 향락주의자입니다. 오늘의 시대가 술과 섹스와 마약으로 파괴되어 가는 것은 향락주의가 가져온 결과이기도 합니다.

향락주의자에게는 감사가 있을 수 없습니다. 채워지지 않는 욕망을 채우기 위해서 이리저리 두리번거리며 헤매일 뿐입니다.

넷째, 나발은 숙명론자를 대변해주고 있습니다.

나발은 다윗의 도움으로 부자가 된 것이 아니라 자기가 부자가 된 것은 내 운명이고 타고난 복이라고 생각합니다.

오늘날에도 내가 부자가 된 것은 좋은 사주팔자를 타고났기 때문이지 하나님의 축복이 아니라고 생각하는 사람들이 너무나 많습니다. 그러니 이러한 사람이 누구에게 감사한 마음을 가질 수 있겠습니까?

운명론자들은 대체로 신앙을 바르게 가질 수 없으며 희망과 용기의 삶을 살아가지 않습니다. 살아갈 수도 없습니다. 살아가려고 힘쓰지도 않습니다. 이미 결정된 운명이라고 받아들이기 때문입니다.

은혜를 망각한 나발은 그의 아내 아비가일을 통하여 죄악된 자임을 고발당합니다. 아비가일이 다윗을 만나 "내 주여 원하건대 이 죄악을 내게로 돌리시고"(삼상 25:24)라고 애원합니다.

인간이 세상을 살아가는 동안 범하고 있는 최고의 죄악은 하나님의 은혜를 감사하지 않는 것입니다. 세상과 만물을 주신 하나님, 내 생명과 삶을 주신 하나님, 예수 그리스도와 말씀과 교회를 주신 하나님, 영원한 사랑으로 용서하시고 천국의 소망을 주신 하나님, 어느 것 하나라도 하나님의 은혜가 아닌 것이 없는데 조금의 감사도 없이 날뛰고 있는 인간은 불의한 존재입니다.

뿐만 아니라 아비가일의 입을 통하여 나발은 불량한 자로 고발당합니다. "내 주는 이 불량한 사람 나발을 개의치 마옵소서"(삼상 25:25)

'불량하다'는 말은 '가치 없는 자', '못되 먹은 자'라는 뜻입니다.

감사한 마음이 없이 살아가는 인간은 못되 먹은 자입니다. 어느 곳에 가서 무엇을 하든지 상대할 가치가 없는 인간입니다.

효도란 부모님의 은혜를 감사하는 것입니다. 애국이란 나라와 민족에 대한 감사의 표현입니다. 감사의 표현이 없는 자는 불량한 자이고, 쓸모없는 자이고, 못되 먹은 사람입니다. 가장 못되 먹은 사람은 은혜에 감사하지 못하는 자입니다.

아비가일의 입을 통하여 나발은 미련한 자로 고발당합니다. "그는 미련한 자니이다"(삼상 25:25)

'미련한 자'란 '깨닫지 못하는 자', '멸망당할 자'라는 뜻입니다. 다 잊어버린다 해도 은혜받은 것만은 잊어서는 안 됩니다. 은혜를 잊어버리는 것은 인간됨을 잃어버리는 것과 같습니다. 미련한 자입니다. 망할 사람입니다.

은혜를 감사하지 못한 나발의 악하고 불량하며 미련한 행위는 엄청난 사건을 가져왔습니다.

첫째, 다윗의 진노를 불러일으켰습니다.

다윗은 참을성도 있고, 용서할 수도 있고, 사랑도 많았던 사람이었습니다. 그러나 은혜를 원수로 갚는 나발의 배은망덕한 행동은 참을 수가 없었습니다.

은혜를 모르는 자는 죽여버리라(삼상 25:22). 선을 악으로 갚는 자를 이 땅에 살려 두어서는 안 된다는 것이 하나님의 뜻입니다. 악으로 선을 갚는 못된 자가 있는 곳이면 언제나 진노가 일어나고 분노가 불길같이 일어납니다.

이 땅의 곳곳에서 왜 이렇게 분노의 소리가 터져 나옵니까?

대통령과 지도자들은 국민들에게 고마운 마음을 가져야 합니다. 사장은 공장에서 쥐꼬리만 한 월급을 받으며 밤이나 낮이나 일하는 노동자에게 감사한 마음을 가져야 합니다. 이 백성들이 하늘을 바라보고 하나님께 감사를 드려야 합니다. 감사가 없는 가정은 화가 일어납니다. 감사가 없는 백성에게는 하나님의 분노가 일어납니다. 감사가 없었던 나발에게 다윗의 분노가 찢어났던 것처럼 말입니다.

둘째, 다 빼앗겼습니다.

나발은 목숨을 빼앗겼습니다. 생명을 주신 하나님께 감사하지 못하면 생명을 거두어 가십니다. 재물도 다 빼앗겼습니다. 나발이 죽자 그의 부인 아비가일은 다윗의 아내가 됩니다. 아내도 빼앗겼습니다.

"하나님을 잊어버린 너희여 이제 이를 생각하라 그렇지 아니하면 내가 너희를 찢으리니 건질 자 없으리라 감사로 제사를 드리는 자가 나를 영화롭게 하나니 그의 행위를 옳게 하는 자에게 내가 하나님의 구원을 보이리라"(시 50:22-23)

하나님께서는 감사할 줄 모르는 인생을 찢어버리겠다고 하셨습니다.

감사 없는 사업, 감사 없는 가정, 감사 없는 교회는 하나님이 찢어버리겠다는 말입니다. 하나님이 찢어버린 건강은 아무도 고칠 수 없습니다. 하나님께서 찢어버린 사업과 인생은 힘써도 애써도 회복할 수 없습니다. 하나님이 찢으시기 전에 믿음을 회복하고 감사로 노래하면서 감사의 고백을 드리는 길만이 이 백성이 사는 길입니다.

감사가 없었던 나발은 망하고 죽었습니다.

하나님이 아비가일을 통하여 주시는 교훈

'아비가일'이란 '아비를 기쁘게 하는 사람'이라는 뜻입니다.

범사에 감사하는 곳에 항상 기뻐하는 역사가 일어납니다. 기쁨을 주는 비결은 감사하는 것입니다.

275

남편을 행복하게 해주는 아내의 비결은 늘 감사한 마음으로 사랑을 고백하는 것입니다. 아내를 기쁘게 해주는 남편의 비결은 고마운 마음으로 사랑해주는 것입니다. 부모님을 기쁘게 해드리는 자식의 비결은 감사하는 것뿐입니다. 하나님을 기쁘시게 해드리는 비결은 진실한 감사를 드리는 것입니다.

감사해서 교회에 오고, 감사해서 찬송하고, 감사해서 전도하고, 감사해서 기도하고, 감사해서 봉사하고, 감사해서 십일조를 드리고, 감사해서 대접하고, 감사해서 헌신하는 것이 제일 좋은 믿음입니다.

아비가일은 나발의 배은망덕으로 다윗이 분노했다는 말을 듣고 다윗에게 나아가 감사예물을 드렸습니다. 감사를 할 때는 크든 작든 정성이 깃든 예물이 준비되어야 합니다. 고백되지 않는 믿음은 믿음일 수 없듯이 표현되지 않는 감사는 감사가 아닙니다. 고백되지 않는 사랑은 아무 역사가 일어나지 않듯이 내놓을 수 없는 감사는 위선입니다.

아비가일은 있는 것 중에서 제일 좋은 것으로 많은 예물을 다윗에게 드리고 감사를 표현했습니다.

아비가일의 진정한 감사는 다윗의 분노를 진정시켰습니다.

감사는 화를 진정시키고 환난을 면하게 해줍니다. 환난을 극복하는 지혜는 감사하는 것입니다.

야곱의 예물이 에서의 분노를 진정시켰습니다. 요나가 감사함으로 기도했을 때 하나님의 진노가 풀렸습니다(욘 2:9). 다니엘이 감사함으로 기도했을 때 사자굴의 환난에서 살아남을 수 있었습니다(단 6:10). 감사는 분노를 진정시키며 환난을 면하게 해주는 축복을 가져옵니다.

감사할 때 평안의 복이 임합니다(삼상 25:35).

다윗은 두려움에 떨고 있는 아비가일에게 "평안히 올라가라"고 평안의 복으로 격려했습니다. 평안의 비결은 감사하는 것입니다. 가정과 교회와 이 세상이 평안의 복을 받으려면 감사해야 합니다. 감사하는 곳에 평화가 이루어집니다.

감사할 때 기도 응답의 은혜가 옵니다(삼상 25:35).

다윗은 "내가 네 말을 듣고 네 청을 허락하노라"라고 모든 요청을 들어줍니다.

"아무 것도 염려하지 말고 다만 모든 일에 기도와 간구로, 너희 구할 것을 감사함으로 하나님께 아뢰라"(빌 4:6)라고 했습니다. 바울과 실라가 감옥에서 감사함으로 기도했을 때 구원의 기적이 일어났습니다. 응답을 받으려면 감사함으로 기도해야 합니다. 하나님은 감사하는 사람의 소원을 이루어주십니다.

감사할 때 귀한 사랑을 받습니다(삼상 25:42).

아비가일은 사랑을 받아 다윗왕의 아내가 되었습니다. 주님은 감사하는 사람을 더욱 사랑하십니다.

"하나님은 즐겨 내는 자를 사랑하시느니라"(고후 9:7)라고 했습니다. 주님께서 이 땅에 다시 오실 때 주님을 기쁜 얼굴로 뵐 수 있는 사람은 감사한 마음으로 주님께 헌신하는 사람입니다. 감사하면 하나님의 큰 사랑을 받습니다.

들판에서 양을 치던 목동의 여자가 다윗왕의 아내가 되는 복을 받은 비결은 감사하는 마음 때문이었습니다. 천국은 주님의 은혜를 믿고 감사하는 자를 위해서 마련하신 영원한 세계임을 알아야 합니다.

인간 속에는 나발도 있고 아비가일도 있습니다. 내 속에 있는 나발을 죽여야 합니다. 나발이 나를 지배하면 망합니다. 은혜를 감사할 줄 아는 아비가일이 나를 지배하도록 만들어야 합니다.

죄 많은 이 땅에 오셔서 십자가에 피 흘려 죽으심으로 구원해주신 주님의 은혜를 감사해야 합니다. 언제 어느 곳에서나 감사를 드려야 합니다.

낮이나 밤이나 담이 되어 주셔서 생명과 몸과 가정과 교회와 나라를 지켜주시는 하나님의 은혜를 감사해야 합니다.

인간의 최고 윤리와 도덕 그리고 신앙은 감사하는 사람이 되는 것입니다.

나를 살리는 말씀

초판 1쇄 발행 2017년 7월 5일

지은이 정영진
펴낸이 백미옥
펴낸곳 리더북스
출판등록 2004년 10월 15일(제2004-106호)
주소 경기도 고양시 덕양구 지도로 84, 506호(토당동, 영빌딩)
전화 031)971-2691
팩스 031)971-2692
이메일 leaderbooks@hanmail.net

ISBN 978-89-91435-81-0 03230
잘못 만들어진 책은 구입하신 서점에서 교환해 드립니다.